KB210116

책세상문고 · 우리시대

누구를 위한 종교인가

종교와 심리학의 만남

책세상문고 · 우리시대

누구를 위한 종교인가

종교와 심리학의 만남

권수영

책세상

다시 태어나도 당신의 아들로,

그래서 종교를 삶으로 노래하는 이로 살고 싶습니다.

선친 권영부(1936~1998) 장로님을 기리며….

누구를 위한 종교인가―종교와 심리학의 만남 | 차례

대학 시절 한 은사님이 수업 시간에 들려준 한 편의 서부 영화 이야기가 지금까지도 나의 기억에 자리를 잡고 있다. 대강의 줄거리는 다음과 같다. 어느 마을에 성당의 주임 신부가 새로 부임해 온다. 그런데 그 마을에는 신부를 괴롭혀 쫓아내기를 일삼는 갱단이 있다. 마을 사람들은 모두 예전과 마찬가지로 새로운 신부가 갱단의 등쌀에 곧 마을을 떠날 거라 생각하고 있었다. 그런데 새로 부임한 신부에게는 예사롭지 않은 구석이 있었다. 그는 갱단의 악명이 무색할 만큼 잘 견뎠다. 결국 갱단은 신부와 교인들의 목숨을 위협하기에 이른다. 중간의 스토리는 잘 기억나지 않지만 은사님이 극적으로 제시한 영화의 종결부는 갱단이 성당으로 몰려와 총탄으로 위협하는 장면이다. 대항하지 않고 무력하게 당하던 교인 중의 한 사람이 참지 못해 갱단의 두목을 겨누어 총탄을 명중시킨다. 깜짝 놀란 신부는 총탄에 맞은 갱단의 두목을 향해 달려간다. 당황한 갱단이 신부를 향하여 총을 난사한다. 신부는 갱단의 두목 앞에서 피를 쏟으며 쓰러진다. 이때 갱단의 두목은 총탄에 맞은 몸을 이끌고 신부에게 기어간다. 그러고는 신부의 귓가에 다음과 같은 의미심장한 말을 속삭인다. "노래가 아니라 바로 가수라오!"

죽어가는 마당에 이 무슨 봉창 두드리는 소리인가? 갱단 두목의 대사치고는 꽤나 철학적인 이 말 한마디는 우리가 종종 망각하는 종교적 진리의 한 부분을 의미심장하게 전한다. 이것은 그동안 갱단의 두목이 자행한 못된 짓이 종교라는 노래에 대한 것이 아니라 종교를 노래하는 가수의 무자격성을 조롱하는 행위였다는 것을 밝히는 대목이다. 사실 노래 자체는 세상에 아무런 파장을 일으키지 못한다. 가수의 태도와 능력, 정성이 더해져야만 사람들의 마음을 감동시킬 수 있는 법이다. 내가 그의 이름을 불러주었을 때 그가 내게 와서 꽃이 되었다고 노래한 시인처럼, 종교의 의미 또한 종교를 노래하는 이들과의 질적인 만남에 많이 의존하게 된다. 노래가 가수를 통해 의미를 찾듯이 가수 역시 자신을 통해 의미를 찾은 그 노래와 함께 다시금 통합적인 의미를 만들어낸다. 테레사 수녀가 부른 종교가 우리의 귓가에서 떠나지 않고, 달라이 라마가 부른 종교가 우리의 마음을 숙연하게 한다. 그러나 역사적으로 종교라는 노래는 부르는 가수에 따라 수없는 굴곡을 겪었다. 무난한 가수를 만난 종교의 노래는 '딩동댕' 합격 점수를 받기도 했지만, 가수를 잘못 만난 종교의 노래는 대중으로부터 참을 수 없는 치욕적 대우를 받기도 했다.

나는 종교라는 단어와 씨름하며 많은 세월을 보내왔다. 특정 종교를 믿는 가정에서 태어나 오랜 기간 동안 종교적인 신념과 행위를 일상적으로 체득해왔다. 대학에 입학한 이후 종교와 관련된 공부를 했고, 박사 학위를 받은 후에는 종교와 신학을 가르치는 학자가 되었다. 하지만 아직도 나는 종교 자체에 관해서는 잘 알지 못한다. 다른 종교학자나 신학자에 비하면 종교에 대해 알고자 하는 의지가 없다고 해도 지나치지 않다.

나에게는 종교라는 노래보다 이를 노래하는 인간이라는 가수들의 세계가 훨씬 더 흥미롭다. 종교를 노래하는 가수를 보다 잘 이해하기 위해 나는 신학을 넘어 심리학, 사회학, 인류학을 기웃거렸다.

가수는 명곡을 부르려고 애쓴다. 성악가인 아내 덕분에 나는 가수가 유명 작곡가의 노래를 멋들어지게 부르는 것이 얼마나 어려운지 누구보다 잘 안다. 하지만 아내를 만나기 전에는 모든 성악가들이 유명 작곡가의 노래를 잘 부르기 위하여 유명 성악가의 음반을 듣고 따라 부르면서 열심히 자신의 노래를 연습한다고 상상했다. 마치 앵무새처럼 말이다. 그런데 그것은 정말 무지한 상상이었다. 사람들은 '내가 부르는 베르디 가곡'이 아니라, '베르디 가곡을 부르는 나'를 원한다. 노래 자체가 아니라 그 노래를 해석하는 '나'가 훨씬 중요하다는 말이다. 종교도 마찬가지 아닐까? 종교가 아무리 훌륭하다 해도 종교를 제대로 불러줄 수 있는 가수가 없다면 무용지물이다. 그런데 우리는 그런 가수를 찾아보기 힘든 시대를 살고 있는 것 같다. 집무실에서 매일 아침 종교적 독서와 묵상으로 하루를 연다는 어느 대통령은 명분 없는 전쟁을 하기 위해 종교라는 노래를 부른다. 종교를 가진 사람들이 그렇지 않은 사람들보다 갈등 해소가 훨씬 어렵고, '친구가 아니면 적'이라는 슬로건을 내세우면서 종교라는 이름으로 대립되고 엉켜가는 불협화음을 만든다. 맨 정신으로는 도저히 할 수 없을 것 같은 자살 테러가 종교인들에게는 '순교자의 노래'가 된다. 이 때문에 나는 한때 종교라는 노래는 이제 그만 불러야

하지 않을까 하는 극도의 회의감에 젖어들기도 했다.

근대의 무신론자들이 종교를 비판하던 시대에도 오늘날과 같이 종교의 폭력성과 병리성이 문제된 적은 없었다. 우리는 종교가 테러나 전쟁을 유발하는 증폭제가 될 수 있는 무시무시한 시대를 살고 있다. 개인의 종교는 개인을 변화시키고 자유롭게 하기보다는 개인에게 철저히 이용당하고, 결국에는 그 개인과 사회를 구속한다. 개인이 자신의 뜻을 관철하고자 신의 이름을 사용할 때, 그 순간 종교는 본유적 의미를 상실한 채, 매우 다양한 해석을 양산한다. "신이 내게 전쟁을 하라고 계시했다"는 선포를 의심 없이 해석하자면 하느님은 그 말을 한 사람과 일종의 매우 내밀한 거래를 한 것처럼 보인다. 혹자는 이 말을 한 사람이나 신이 아니고서는 이 거래의 진실을 밝힐 수 없다고 말하는지 모른다.

이때 거래를 믿는 사람과 믿지 않는 사람을 나누는 기준이 되는 것이 종교이다. 이런 경우 종교나 신은 숱한 갈래를 가지고, 많은 비종교인들뿐 아니라 더 많은 종교인들에 의해 휘둘린다. 그런데 역설적이게도 개별 종교인들에 의해 다양하게 해석된 종교는 그들의 삶을 구속하게 된다. 나의 하느님만이 진짜 하느님이라는 강박은 곧잘 다른 사람들의 하느님을 구속하기 마련이다. 종교를 가지지 않은 사람 중에서도 간혹 일부 종교인들에게 휘둘리는 종교에 격분하여 종교에는 결코 구원이 없다고 믿는 경우가 종종 발견된다. 이렇듯 종교를 노래하는 인간에 대해 오랫동안 궁금증과 답답증을 가지고 있던 내게 이 책을 쓰도록 한 동기는 종교의 세계에 막 입문하려는 어린 딸아이로부터 비롯되었다.

　이라크전이 발발했을 당시 미국에서 유치원을 다니던 딸은 유치원에서 이라크 현지의 전쟁 장면을 담은 비디오를 보고 전쟁의 승리를 기원하는 기도를 했다고 한다. 그런데 이후 딸은 혼란에 빠졌다. 비디오를 보면서 전쟁을 일으킨 이도, 그리고 사람들을 죽이고 폭격을 가하는 이도 신이 아닌가 하는 생각이 아이를 사로잡은 것이다. 비디오를 보여준 선생님과 몇몇 학부모들 사이에 언쟁이 벌어졌고, 결국 유치원 교사들이 학부모들에게 공식 사과 편지를 하는 것으로 해프닝은 마무리되었다. 그러나 당시 겁에 질린 눈망울을 한 어린 딸의 질문을 받고 느꼈던 당혹감은 아직도 잊을 수 없다. "아빠, 하느님은 왜 전쟁을 만드셨어?"

　종교적인 분쟁이 전쟁을 일으키는 하나의 도화선이 되었다면, 전쟁과 폭력의 기원이 과연 그들이 믿는 하느님에게서 온 것인지, 아니면 인간 내면의 문제인지 하는 의문에서 오는 신학적인 당혹감으로 인해 나는 전쟁과 하느님은 무관하다는 대답을 쉽사리 해줄 수 없었다. 교회에서 불렀던, 사랑의 하느님을 찬양하는 아름다운 노래가 어느 순간 출정가처럼 들렸을 법한 아이의 당혹감은 사실 훨씬 더 컸을지 모른다. 분명히 전쟁은 큰 문제이다. 그런데 전쟁을 일으키는 종교가 문제인지, 아니면 그 종교를 이용하는 이들이 문제인지, 이 둘 모두가 문제인지, 알 길이 없어 보인다. 나는 이곳 한국 땅에서도 그때 느꼈던 당혹스러운 혼란을 품고 있는 현실과 대면하고 있다. 종교(노래)와 종교인(가수)들 사이의 분리되지 않은 모호함은 종교를 노래하는 어느 한 '개인'에 대한 이해보다 몇몇 가수가 노래하는 '종교'가 모든 세부적 혹은 내면적인 개인의 문제를 일반화하고 마는 현실 말이다. 한 성직자가 행한 비윤리적 일탈 행위는 그가 믿는 종교를 일순간에 비윤리적으로 만들고, 하나의 사회적 문제를 가지고 분열하는 종교인들을 보면 그들의 종교는 귀에 걸면 귀걸이, 코에 걸면 코걸이가 되고 마는 한심한 것으로 전락한다.

따라서 노래에 대한 연구 못지않게, 그 노래를 다양하게, 아니 요상하게 연주하는 가수들에 대한 다각적인 연구가 더욱더 절실하다. 다시 말해 나는 종교라는 이름의 노래를 부르는 다양한 가수들을 이해하는 일에 다각적인 심리학적 접근이 도움을 줄 수 있다고 본다. 건강한 종교인(가수)을 위해 종교는 심리학의 분석을 필요로 하고, 또한 인간을 이해하기 위한 심리학은 종교(노래)가 가지고 있는 비전을 필요로 한다. 이에 나는 종교와 심리학이 제대로 만나 우리에게 보다 새로운 종교의 의미를 제공해주기를 바라는 마음으로 이 글을 썼다. 불협화음을 만드는 가수를 보고 그가 부르는 노래를 한심하게 여겨 폐기하고자 하는 이들에게는 새로운 시각을, 노래를 제멋대로 편곡하여 망치는 가수들에게는 새로운 자각을 주고자 하는 소망을 가지고….

하나의 노래는 역사를 통해 수많은 이들에 의해 불리면서 다양한 해석을 쏟아낸다. 이 책에서는 종교라는 노래를 부르는 가수들의 세계를 가장 효율적으로 분석할 수 있는 도구를 심리학으로 보고, 먼저 종교가 심리학이라는 학문을 맨 처음 만났을 때로 거슬러 가보고자 한다. 현대 심리학은 태동기인 1900년대 초부터 종교와 매우 밀접한 관계에 있었다. 이 책에서는 이런 맥락에서 종교와 심리학의 관계의 역사를 고찰해봄으로써 그 만남의 의미가 어떻게 변해왔는지를 해석적인 관점에서 구성해보려 한다. 그렇다고 해서 현대 심리학의 역사에 대해 연대기적으로 기술하지는 않을 것이다. 지난 100년간 '종교와 심리학'의 관계가 어떻게 시작되고 어디서부터 꼬였는지 그 밀월 관계의 그림자를 찾아내고, 종교가 점점 광폭해지는 이 시대에 종교와 심리학의 만남을 다시 주선하고 또 다른 100년을 함께 가야 할 이유를 강조할 것이다.

분명 종교와 심리학은 별개의 체계다. 하지만 종교와 만날 수 있는 현대 심리학은 결코 종교인과 무관한 학문이 아니며, 참된 실천을 원하는 종교인에게 더욱이 심리학과의 통합적인 만남은 필연적이라 할 수 있다. 또한 종교는 늘 인간의 심리와 사회문화적 영향 속에서 다양한 기능을 수행하고 있기에, 심리학의 도움으로 개인 혹은 집단적인 종교성의 다양한 모습을 살펴보는 것이 진지한 종교인은 물론이고 종교 자체를 기피하는 비종교인 모두에게 매우 유익하고 발견적인 heuristic 도움을 주리라 확신한다. 그러므로 이 책은 종교적 현상에 대한 심리학적 연구 서적이라기보다는, 현대를 사는 종교인과 비종교인 모두가 이 시대에 종교가 나아가야 할 건강한 모습을 살피고 종교를 보는 새로운 비전을 발견하는 데 목적이 있다. 여기서 발견이란 건강을 위해 등산을 갔다가 우연히 자연을 재발견하고 삶을 나눌 친구를 만나는 경우를 생각하면 쉽게 이해할 수 있을 것이다. 이 책 역시 종교에 대한 그런 신성한 발견이 되었으면 한다.

종교는 종교인에 의해 다양하게 실천되는 위험과 가능성을 동시에 가지고 있다. 종교로 인한 문명의 위기는 분명히 새로운 기회의 측면을 동반한다는 말이 성립된다. 이런 맥락에서 종교가 전쟁을 낳는 이 시대에는 바른 종교성에 대한 지성인들의 보다 진지한 성찰이 절실히 요구된다. 다소 엉뚱해 보이는 종교와 심리학의 만남이 각각의 독립된 체계에서 얻을 수 있는 것 이상의 의미를 우리에게 제공할 수 있다는 점을 나는 강조하고 싶다. 이를 우리가 잘 아는 토끼와 거북이 우화에 빗대 설명해본다.

토끼와 거북이 이야기는 어릴 적 가장 먼저 들은 우화인데, 나이가 들어 생각하니 이야기의 구성이 생뚱맞다. 토끼는 발빠른 동물이라 자존심 때문에라도 느림보 거북이와 시합을 할 리 없는데도 웬일인지 시합을 벌인다. 이상하다. 토끼라면 여우나 다람쥐 정도와 시합을 해야 체급도 어울릴뿐더러 그림도 그럴듯할 텐데 말이다. 거북이도 달팽이나 도마뱀 정도와 어울려야 말이 된다. 토끼와 아는 척하고 시합까지 한 것을 보면, 토끼가 하도 약을 올려서 오기가 발동했거나 아니면 아무런 생각이 없었나 보다. 분명 두 동물은 서로 친할 것 같지 않은데도 이 우화에서는 아주 자연스럽게 서로 만난다.

그런데 여기서 중요한 것은 이들의 만남 그 자체가 아니라 토끼와 거북이의 만남에 대한 독자의 해석이다. 이 이야기는 아직도 많은 이들에게서 새롭게 해석된다. 신영복 교수는 《감옥으로부터의 사색》에서 거북이를 얕보고 잠을 잔 토끼도 나쁘지만 잠든 토끼 앞을 살그머니 지나가서 이긴 거북이도 나쁘다고 해석한다. 학생들에게 공부 잘한다고 게으름을 피우거나, 공부 못하는 친구를 얕보는 토끼 같은 사람이 되어서는 안 된다고 권면하는 반면에, 친구를 따돌리고 몰래 이기는 거북이 같은 사람이 되어서도 안 된다고 지적한다. 잠든 토끼를 깨워서 함께 가는 거북이가 되자는 것이다. 따라서 토끼와 거북이의 만남은 결코 생뚱맞지 않다. 만남의 장 밖으로 열린 독자들에 의해서 그 만남은 회상되고 늘 새롭게 해석되기 때문이다. 로미오와 줄리엣의 만남도 그러하다. 둘은 원수 집안의 자제들로서 만나서는 안 될 사이지만 이들의 만남은 필연으로 해석되고, 결국 독자들에게 이 두 사람은 원수 집안의 자식들이기보다는 아름다운 사랑을 하기 위해 만나야 할 사람들로 해석된다.

이렇듯 만남의 이야기와 해석은 종교와 심리학의 관계를 해석하는 데 중요한 틀을 제공한다. 종교와 심리학은 오래전에 숙명적으로 만나 동행하다가, 언제부터인가 각자의 길로 헤어졌다. 이 둘에게 어떤 일이 있었던 것일까? 그리고 이들의 만남이 오늘날 우리에게 던져주는 의미는 무엇일까?

나는 토끼와 거북이의 이야기에서 시합 이후가 간혹 궁금해진다. 이들은 서로 어울리기 불편한 적대 관계가 되었을까? 아니면 오히려 사이가 한층 깊어졌을까? 과연 이 생뚱맞은 만남이 서로에게 어떤 의미를 주는가? 어쩌면 처음에는 아무런 의미 없는 만남이었을지 모르지만, 시합이 끝나고 나서 둘에게 찾아온 예상 밖의 결과는 상호 통합적인 의미를 지닐 수 있다. 자만하지 않는 토끼가 되는 것이나, 끝까지 최선을 다하는 거북이가 되는 것처럼 결국 다르지 않은 한 의미로 합류하게 된다. 만약 토끼가 시합을 마치고 "내가 저런 느림보에게 지다니" 하면서 후회와 수치감에 자신을 학대한다면 함께 시합한 거북이가 얻게 된 '성실'의 중요성과는 별개의 해석을 하는 셈이다. 하지만 자신의 게으름과 교만을 살피는 기회로 여기고, 거북이 같은 기어 다니는 동물을 새로이 이해하게 된다면 그 만남은 보다 상호적으로 구성되는 통합적인 의미를 공유하게 된다. 다시 말해 토끼가 해석한 의미는 거북이가 해석한 의미로 개방되어 있어서 그 의미가 상호적으로 융합되어간다. 거북이 역시 그 만남의 시작은 무모하고 무의미했지만, 시합을 마친 뒤에는 자신의 자존감과 꾸준한 자기 노력의 중요성을 깨닫게 됨으로써 의미를 찾을 수 있으리라. 이때 서로 다른 두 개체의 생뚱맞은 만남은 마침내 통합적인 의미를 나눠 갖는다.

이쯤에서 독자들은 나의 황당한 의구심에 혀를 찰지도 모른다. 토끼와 거북이는 이솝이라는 작가의 의도에 따라 그저 시합을 했을 뿐인데, 왜 그리 법석인가 하고 말이다. 그렇다. 토끼와 거북이가 시합 이후에 어떻게 지냈는지는 어쩌면 이야기 자체에서는 별로 중요하지 않을 수 있다. 오히려 시합 이후 두 개체의 관계에 대해 다양한 의미를 만들어내는 것은 독자인 우리 몫이다. 우리는 이야기 속의 토끼와 거북이를 해석하지만, 마치 '토끼 같은' 우리와 '거북이 같은' 우리를 위한 새로운 통합적인 의미를 만들어낸다. 거북이에게서 우직함을 보느냐 비겁함을 보느냐에 따라, 토끼와 거북이의 만남은 다르게 해석된다.

이러한 만남의 해석 과정을 이해하는 방법을 연구하는 학문을 해석학hermeneutics이라 한다. 해석학은 문화와 인간을 연구 대상으로 삼아 삶 또는 인간 정신을 파악하고자 하는 철학 이론이다. 19세기 들어 '생(生)철학자'라고 불리던 독일의 철학자 빌헬름 딜타이Wilhelm Dilthey는 기존의 자연과학적 접근, 즉 과학적인 분석으로 인간 삶의 전체적 밑그림을 포착하려는 시도에 이의를 제기한다. 과학이 가지고 있는 인과 법칙적인 설명으로는 개별적이며 일회적인 인간의 삶을 완전하게 파악할 수 없다고 보고, 삶은 '직접경험'을 통해 인류의 체험을 집적한 '역사'를 통해 이해될 수 있다고 보았다. 이후 독일의 철학자 한스 게오르크 가다머Hans-Georg Gadamer는 인간이 판단에 앞서 가지고 있는 선이해(先理解)를 보다 적극적으로 인식의 기초로 설정하는 해석학을 구축한다. 타인의 삶과 역사를 이해한다는 것은 현재 우리의 인식

지평과 과거의 지평이 서로 대화를 통해 통합되는 과정이라는 것이다. 이를 그는 '지평융합'이라고 불렀다. 그리고 그에 따르면 현재의 지평과 과거의 지평은 서로를 향해 열려 있고 서로 통합되면서 역동적으로 움직인다.

이 책 또한 해석학의 방법에 따라 서로 융합되어야 할 종교와 심리학의 관계사를 되짚어보고, 이를 우리가 사는 이 시대에 종교인들을 새롭게 이해할 수 있는 틀로 제시하려 한다.

나에게 종교와 심리학이라는 개별적 체계의 만남이 토끼와 거북이의 만남과 과히 다르지 않게 여겨지는 이유는 무엇일까? 종교와 심리학의 만남은 토끼와 거북이처럼 말도 안 되는 짝짓기로 보일 수도 있다. 이 두 개체를 토끼와 거북이처럼 무슨 시합이라도 하려고 묶어놓았다면 충돌은 불을 보듯 뻔하다. 그러나 여기서 우리에게 필요한 것은 '토끼와 거북이'라는 이야기로 풀어 읽는 해석학적 눈이다. 종교와 심리학이라는 체계가 만들어내는 개별적인 의미와 '종교와 심리학'이라는 만남의 틀 안에서 이들을 통합적으로 이해하려는 해석학적 의미는 분명히 다르다.

나는 현실과 실천의 장에서 이러한 해석학적인 의미를 성찰하려는 신학자이다. 내가 가르치고 있는 전공과목은 목회신학이다. 목회신학이라? 언뜻 들으면 목회를 위한 신학, 혹은 목회에 대한 신학으로 이해된다. 이런 맥락에서 보면 내가 하는 일이 마치 목사를 양성하는 일인 것처럼 보인다. 사실 꼭 그렇지만은 않다. 사실을 들여다보면 내가 전공하는 연구 영역에서 목회라는 용어는 단순히 '기능'의 문제가 아니다. 다시 말해 목회란 목사라는 전문인이 수행하는 특수한 기능을 의미하는 것은 아니라는 말이다. 여기서 목회는 기능보다는 '관점'의 문제이다. 무엇을 하느냐보다 '어떻게' 하느냐의 문제다. 그러므로 목회신학이란 어떻게 신학을 목회적으로 실천하는가 하는 방법론의 문제다. 그래서인지 내가 가르치는 학생들은 교회에 다니지는 않지만 종교에 대해 진지한 관심을 가진 새내기 대학생부터 목회를 준비하는 신학대학원생, 상담학을 연구하는 박사 과정 학생, 기독교 상담과 심리치료를 임상적으로 훈련받는 일반인, 일선 상담교사, 간호사, 임상 사회복지사들에 이르기까지 그 폭이 다양하다.

목회신학자가 되기 위해 내가 취득한 박사 학위 프로그램이 **종교와 심리학**이다. 사실 종교학이면 종교학이고 심리학이면 심리학이지, 왜 종교와 심리학을 묶어 공부하려고 하는지 묻는 이들이 그간 적지 않았다. 어느 학문 분야든 이제는 상호 학문적interdisciplinary인 연구가 일반화될 만큼 학문과 학문 사이의 벽이 허물어지고 있지만, 왜 하필 종교와 심리학인가 하는 의문은 여전히 남아 있다. 특히 심리학자들은 의심의 눈초리를 좀체 거두지 않는다. 종교와 심리학의 관련성이나 종교심리학이라는 과목 자체에 문제를 제기하는 학자들도 있다. 그런데 이처럼 종교와 심리학이 갈 길은 시작부터 확연히 다르다고 주장하는 심리학자들을 접할 때마다 왠지 답답해진다. 같은 출발선에 있다가 거북이가 몇 발자국 떼기도 전에 쌩하니 달려나가는 토끼의 뒷모습을 보는 것처럼 말이다. 종교와 심리학의 최초의 만남부터 오늘에 이르는 그 만남의 의미 변

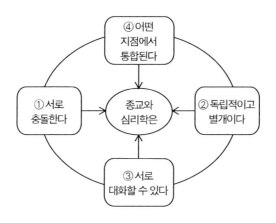

〈그림 1〉 종교와 심리학의 관계에 대한 해석학적 틀

화는 매우 중요한 해석학적 주제이다.

이 책에서는 종교와 심리학의 만남이 일어나는 장을 이해하고 해석하는 방법론적인 틀을 네 가지로 구분해 살펴보려 한다. 첫 번째는 종교와 심리학의 만남을 종교와 심리학의 충돌로 보는 것이다. 두 번째는 종교와 심리학은 서로 별개이며 독립적인 관계를 가진다고 보는 것이다. 세 번째는 종교와 심리학은 서로 대화할 수 있는 관계라는 관점이다. 마지막 해석학적 틀은 종교와 심리학이 어떤 점에서는 서로 통합된다는 것이다. 서로가 상호 의존적으로 연결되어 있기 때문에 통합적으로 이해하기 위해서는 서로가 필요하다는 관점이다.

이 네 가지 해석학적인 틀, 즉 ① 충돌, ② 독립, ③ 대화, ④ 통합의 관계 속에서 종교와 심리학의 역사를 돌아보고 현재의 상호적 의미를 해석해냄으로써, 종교에 대한 건설적인 미래를 꾸릴 단초를 발견할 수 있을 것이다. 종교가 더 이상 부르고 싶지 않은 노래가 되기 전에, 심리학이 종교를 노래하는 인간들에게 자신을 돌아볼 통찰력을 제공하도록 중매하는 일이 나에게는 절실했다. 그리고 욕심을 내자면 독자들이 이 책을 통해 종교와 심리학이 함께 엮어갈 새로운 비전을 발견하기를 바란다. 이러한 해석학적인 노력이 있다면, 종교와 심리학은 토끼와 거북이같이 우리 모두에게 지속적으로 통합적인 의미를 만들어낼 수 있다. 이들의 만남에 새로운 의미를 부여함으로써 우리 시대에 종교(노래)와 이를 노래하는 인간(가수)이 건강하게 공존하고, 더 나아가 통합적으로 하나를 구성하는 일도 가능하지 않을까 하는 당찬 기대를 품고 독자들을 이 해석의 장으로 초대한다.

먼저 제1장에서는 현대 심리학의 태동기에 초기 심리학자들이 종교를 어떻게 다루었는지에 대해 고찰하고자 한다. 대부분의 독자들은 아마도 이 시기에 종교와 심리학은 별개로 존재했거나 또는 충돌 관계였다고 추측할 것이다. 하지만 숨겨진 역사를 재조명하는 과정에서 종교와 심리학이 매우 밀접한 관계에서 출발했음을 알게 될 것이다.

제2장에서는 구체적이고 다양한 심리학적 접근이 현대의 종교 현상을 이해하는 데 보다 통합적인 만남을 만들어낼 수 있음을 보여주려고 한다. 많은 현대인들에게 종교성은 '도덕성'과 동의어로 이해된다. 종교인은 종교를 가지지 않은 이들보다 더 높은 도덕적 가치를 추구한다고 여겨, 똑같은 도덕적

비판의 대상이 되더라도 종교를 가진 경우에는 그 종교에 대한 원초적인 비난까지 덤으로 받는다. 기업인은 기업을 세습할 수 있어도, 성직자로서 교회를 세습하는 일은 세상의 놀림감이 된다. 그렇다면 종교성은 도덕성과 함께 발달되는 성숙의 과정인가? 도덕적이기만 하면 종교적인가? 종교적인 성숙이 도덕적인 성숙과 다른 점은 무엇인가? 이것이 제2장에서 발달심리학과 만나는 종교성을 통합적으로 해석하기 위한 질문들이다.

또한 종교 하면 생각나는 주제어 중 하나가 종교인의 '분열'이다. 종교인은 여러 분파와 교파로 갈라진다. 종교 내의 종파를 헤아리는 일에 전문가가 필요할 정도다. 자유로운 개개인이 한 가지 사안에 대해 다른 목소리를 내는 것은 당연하지만, 유독 종교인들의 경우에는 그것이 자연스럽게 받아들여지지 않는다. 이들이 내세우는 신의 뜻을 모호하게 하기 때문이다. 왜 이들은 다른 소리를 내는가? 이들이 믿는 신이 다르지 않은데도 왜 분쟁이 일어나는가? 때로는 비종교인과의 다툼보다 더 치열해 보이는 종교인들의 분쟁을 심리학적으로 이해하고, 새로운 통합을 모색하려는 것이 제3장에서 다루려는 사회심리학적 종교 해석이다.

한편 21세기에 보다 첨예하게 부각되는 종교의 폐해로 종교인들이 드러내는 종교적 '폭력'을 들 수 있다. 왜 인간은 폭력을 행사하는가에 대해서는 다양한 학문적 해석이 있을 것이다. 종교인이 종교적 이유를 내세워 행사하는 극단적인 폭력을 어떻게 이해해야 하는가? 종교인이 보이는 폭력의 동인은 과연 무엇인가? 제4장에서는 정신분석학과의 만남을 통해 종교적 폭력의 배후에 드리워진 종교인들의 무의식의 그림자를 더듬어보려고 한다. 이러한 통합적인 해석은 종교인을 옥죄는 병리적인 종교성에서 종교인을 해방시키고, 종교인의 폭력이 초래할 수 있는 무고한 희생을 예방할 수 있을 것이다.

마지막으로 제5장에서는 종교성의 또 다른 개념인 '영성'에 대해 살펴보려고 한다. 영성은 이제 더 이상 종교인의 전유물이 아니다. 현대인의 '잘 먹고 잘 사는 법'에 대한 관심은 육체적·정신적·영적인 건강을 도모하는 전인적인 웰빙을 목적으로 한다. 이때 웰빙은 다분히 심리학적인 안녕감well-being을 뜻한다. 이 책에서는 문화심리학적 관점에서 한국인들이 사용하는 웰빙과 영성의 개념을 새롭게 해석하고자 한다. 이에 새로운 영성과 웰빙에 대한 통합적 해석은 그저 심리학적으로 잘 사는 법, 혹은 편하게 사는 법만이 아닌 종교적·문화적으로 '바르게 사는 법'에 대한 새로운 비전을 던져주리라고 본다.

종교와 심리학은 분명 독립된 영역이다. 과학적 사고를 표방하는 심리학자들에게 괜스레 종교를 강조했다가는 충돌만 일으키기 십상이다. 그러나 나에게 종교와 심리학의 해석 작업은 신학적이고 실천적인 과제이다. 나는 종교라는 노래를 부르는 종교인들의 심리적 세계를 제대로 이해할 때 종교가 받을 오해로부터 종교를 구할 수 있고, 더 나아가 종교인 자신도 거짓된 종교성에서 해방되어 인류 역사에 공헌할 수 있는 종교의 힘을 드러낼 수 있으리라고 본다. 이런 이유로 종교와 심리학을 애써 대화시키고 통합적인 만남을 주선하려는 것이다. 또한 종교에는 무관심하지만 인간 심리에 관심 있는 독자에게는 종교성의 심리학적 이해에 대한 관심을 불러일으키고, 종교라면 치를 떠는 독자에게는 종교인의 심리 안에서 왜곡되어 비치는 종교에 대한 오해를 풀 수 있는 기회가 되었으면 하는 마음 또한 간절하다.

제1장 ──────── 종교와 심리학,
그 태초의
밀월 관계를
찾아서

1900년대에 시작되어 이제 100년을 넘어선 현대 심리학의 초창기 역사는 결코 종교와 무관하지 않다. 미국 실용주의 철학의 주창자 윌리엄 제임스William James는 미국 최초의 종합대학인 하버드 대학에서 최초로 심리학을 가르쳤다. 1875년에 있었던 그의 강의는 미국에서 최초의 심리학을 태동시킨 순간이었다고 역사가들은 말한다. 당시 제임스는 자신이 처음 수강할 수 있었던 최초의 심리학 과목이 바로 지금 자신이 처음 강의하려는 강좌라는 농담을 했다. 이것은 자신의 심리학이 이전의 인간 심리 연구와 질적인 차이가 있음을 강조한 뼈 있는 농담이리라. 그도 그럴 것이 이전의 인간 심리에 대한 학문이란 정신을 관념이나 기타 정신적 요소들의 연합으로 설명하는 영국의 연상주의associationism나 두개골의 구조로 인간의 성격이나 정신적인 능력을 측정하는 골상학phrenology 정도에 지나지 않았다.

당시 제임스에게 인간의 다양한 종교적 경험은 심리학의 중심 주제였다. 그가 1902년에 저술한《종교적 경험의 다양성 *The Varieties of Religious Experiences*》[1]은 대표적 종교심리학 연구서로 꼽힌다. 그런데 현대 심리학이 태동하는 역사의 장에서 제임스를 비롯한 최초의 심리학자들이 만난 공통적인 주제가 다름 아닌 인간의 다양한 종교적 경험이었다는 사실은 21세기를 사는 많은 심리학자들에게 기억하고 싶지 않은 과거가 된 듯하다. 그 시절의 종교와 심리학의 만남은 이제는 무의미한 옛 추억에 불과한 것인가?

1. 그들의 만남, 꼭 숨겨야 하는가

미국의 존 듀이John Dewey나 조지 허버트 미드George Herbert Mead 등 당대의 대표적인 실용주의 철학자들은 모두 철학과 심리학의 경계를 넘나들었다. 인간 경험에 대한 강조가 실용주의 철학을 구조화했던 것이다. 예를 들어 1907년에 씌어진 제임스의 대표적 철학서인 《실용주의Pragmatism》에서도 종교 현상에 대한 관심은 철학과 심리학 사이에서 자연스럽게 만난다. 예를 들면 관념이란 그 대상이 초래하는 결과에 있다. 그러므로 신을 믿음으로써 용기가 생긴다면 용기가 생긴 사실이 바로 신이라는 관념에 담긴 의미라는 것이다.

종교와 심리학의 만남을 낯설어하는 이들은 20세기 현대 심리학의 초창기 학자들이 하나같이 종교 현상에 대한 관심을 토대로 심리학이라는 학문을 기초했다는 사실을 망각하든지, 아니면 애써 숨기려는 듯하다. 그리고 그 시절과 지금은 확연히 다르다는 식으로 말한다. 그런데 여기서 우리는 심리학이 종교성과 결별하고, 철학이나 신학 그리고 종교학과 학문적인 이혼을 감행한 역사에 주목할 필요가 있다. 심리학이 종교라는 주제를 버리게 된 근본적인 이유는 과연 무엇인가? 종교와 심리학 사이에 다시는 과거의 관계로 돌아가기를 꺼려하는 강박증적인 두려움이 있는 것은 아닐까?

심리학은 20세기를 지나는 동안 그 학문적인 정체성을 하나의 과학으로 자리매김하면서, 종교라는 주제를 다루었다가 자칫 잘못하면 철학이나 신학의 하위 학문으로 대접받을지도 모른다는 두려움을 가지게 된다. 사회과학이라는 이름 아래 과학적인 실험을 통한 측정과 검증이 가능한 영역으로 연구 범위를 축소 조정해가는 과정에서 자연스럽게 종교적인 현상을 다루지 않는 방향으로 선회한 것이다. 그리하여 심리학이 철학이나 신학 또는 종교학과는 근본적으로 다른 길을 간다는 전제를 만들고, 동시에 종교심리학이라는 학문도 심리학과는 전혀 관계없는 학문이라고 모른 척하는 역사가 시작된 것이다. 내가 가르치는 대학에서도 종교심리학은 심리학과가 아니라 신학과와 교육대학원의 종교 교육과에 개설되어 있다.

사실 종교와 심리학의 배신과 반목의 숨겨진 역사를 새롭게 들추어내고, 역사의 물줄기를 거꾸로 바꾸어보려는 야심찬 의도는 전혀 없다. 이 책에서 얘기하고자 하는 것은 그동안의 심리학과 종교의 결별의 역사를 그대로 인정하고 이해하되, 다만 종교를 올바로 이해하는 데 있어 이들의 만남이 갖는 오늘날의 해석학적 의미를 찾자는 것이다. 이전에 심리학자들이 버린 만남의 의미가 종교를 연구하는 종교학자들이나 종교에 관심을 가지는 심리학자들 모두에게 오늘날에도 그대로 적용되지는 않는다고 보기 때문이다. 뿐만 아니라 비록 종교를 연구하거나 관심을 가진 학자가 아니라고 할지라도, 종교에 대해 보다 건강한 비전을 원하는 모든 지성인에게 종교와 심리학의 만남은 우리가 사는 시대에 충분한 의미를 만들어낸다고 본다. 이에 이들의 만남은 숨겨야 하는 것이 아니라 격려받아야 한다. 그러므로 신학자로서 신학과와 종교 교육과에서 종교심리학을 가르치는 이유는 심리학이 버린 과거의 학문을 재활용하려는 것이 아니다. 종교적 신앙과 신학을 제대로 실천하고 가르치는 일에 심리학의 계속적인 도움이 필요하다고 믿기 때문이다.

종교심리학에 대해 본격적으로 언급하기 전에 종교심리학이라는 명칭이 지닌 몇 가지 오해에 대해 우선 살펴보자.[2] 종교심리학은 심리학의 일종이 아니다. 즉 종교심리학은 하나의 심리학, 혹은 20세기 초에 무성했던 윌리엄 제임스 등과 같은 초창기 심리학자들의 심리학만을 의미하지 않는다. 종교심리학은 어떤 종교적 현상에 다양하게 접근하는 현대 심리학의 열린 가능성에 귀를 기울인다.

두 번째 오해는 왜 신성한 종교를 심리학적으로 접근해야 하는가이다. 종교심리학은 종교 자체에 대한 심리학이 아니라, 종교적인 현상에 대한 심리학적 접근이다. 즉 종교적인 감정, 종교적인 신념, 종교적인 행동, 종교적인 태도 등이 바로 종교심리학이 관심을 보이는 종교적 현상들이다. 그러므로 종교심리학은 엄밀히 말한다면 종교보다는 종교를 가진 이들에게 나타나는 종교성을 다룬다고 할 수 있다. 이런 맥락에서 정의하자면 종교심리학이란 종교적 현상들에 대한 다양한 심리학적 접근이다. 즉, 종교심리학은 이제는 무의미한 숨겨진 심리학의 유물이 아니라, 오늘도 새롭게 발견되어야 할 해석학적 과제를 우리에게 던진다.

2. 20세기의 종교와 심리학, 동지인가 적인가

미국의 심리학자 스탠리 홀G. Stanley Hall은 하버드 대학에서 최초로 심리학 박사 학위를 받고, 후에 미국심리학회American Psychological Association를 조직해 초대 회장을 역임했다. 그의 유명한 하버드 대학 강좌는 종교적 회심(回心)에 관한 것이었고,[3] 1899년에 최초로 《종교심리학Psychology of Religion》을 저술한 에드윈 스타벅Edwin Starbuck과 함께 수많은 종교심리학자를 배출했다.[4] 이 시기에 심리학자들의 주제는 종교적 회심, 아동의 종교적 지식, 종교의식과 기도에 관한 것 등이었다.

20세기 초 미국 심리학의 태동기에 등장하는 학자들에게 종교와 심리학은 적대적 관계가 아니라, 방법론적인 완성을 위해 통합적으로 만났다. 종교적 현상을 연구하는 데 심리학이 중요한 견인차 역할을 한다는 전제하에 종교성을 통전적(通典的)으로 이해하기 위해서는 전통적인 철학과 신학이 만나는 자리에 심리학이 함께 자리 잡아야 한다는 동반자 의식이 강조되었던 것이다. 그러므로 이 시대의 종교와 심리학의 만남을 이해할 수 있는 해석학적 틀은 분명히 **통합**의 관점이리라.

그러나 이러한 통합의 역사는 오래가지 못한다. 통합의 역사가 충돌의 역사로 바뀌는 데는 여러 요인이 있겠으나, 먼저 미국 심리학계에 소개되는 빈의 정신분석학의 창시자 지그문트 프로이트Sigmund Freud의 영향을 들 수 있다.

스탠리 홀은 1889년에 매사추세츠주 소재 클라크 대학의 초대 총장으로 재직하게 된다. 1887년에 창립된 이 학교는 미국 최초로 대학원을 설립했으며, 미국 심리학 역사에 기록될 만한 공헌을 한 명문 사립대학이다. 그 공헌 중 하나로 1909년에 스탠리 홀의 초청으로 성사된 유명한 프로이트의 클라크 강연을 들 수 있다.

이 강연을 통해 소개된 프로이트의 정신분석학은 미국 심리학계에 커다란 파장을 몰고 왔다. 가장 두드러진 변화는 프로이트가 가지고 있는 종교에 대한 극단적이고 부정적인 평가 때문에 종교를 연구 주제로 삼아왔던 심리학자들이 적잖은 부담과 위축을 느꼈다는 것이다. 이로 인해 1920년대 이후 심리학자들이 학문적으로 철학과 종교적 영역에서 분리하려고 많은 노력을 기울이게 된다. 이때부터 종교와 심리학 사이에 충돌의 역사가 꿈틀거리기 시작한다.

1920년대는 버러스 프레더릭 스키너Burrhus Frederic Skinner의 행동주의 심리학이 번성하면서 충돌의 역사는 본격적인 막을 올린다. 행동주의 심리학이란 심리학을 객관적인 기술이나 과학의 학문으로 발전시키고자 하는 새로운 시도였다. 당연히 종교와 같은 주관적인 경험에 대한 진지한 관심은 배제되었다. 스키너가 본 바로는 인간이란 외부적으로 결정되는 존재이며 과학적 법칙에 따라 움직이는 세계의 일부에 불과했다. 또한 그는 인간 행동이란 전적으로 유전적 역사와 환경적인 경험에 의해 결정되는 것이라고 단정했다. 거기에 어떤 자의적이거나 순전히 내부적인 인간의 심리라든지, 또는 신비롭고 종교적인 인간 경험이라는 것이 인간 행위 안에 개입할 여지가 없다고 본 것이다. 그의 영향으로 미국의 심리학계는 정신주의mentalism를 부정하고, 유전 및 환경결정론determinism의 전통을 세우게 된다.

이 시기를 거쳐 1930년대에서 1950년대에 이르기까지 종교적 현상에 대한 심리학적 연구는 철저히 쇠퇴하게 된다. 결국 이 시대의 종교와 심리학은 아무런 만남이나 관계를 가지지 않았으며, 이는 독립의 틀로 이해될 수 있다.

3. 충돌의 역사 뒤에 숨겨진 과거 그리고 미래

종교와 심리학의 역사에서 종교를 심리학의 적으로 간주하게 만든 장본인은 바로 프로이트다. 스탠리 홀의 초청으로 미국에 오기 2년 전 그는 〈강박 행위와 종교 행위Zwangshandlungen und Religionsübungen〉라는 종교에 대한 논문을 저술한 적이 있다.[5] 프로이트는 종교에 대한 초창기 저술인 이 논문에서 종교에 대해 매우 공격적으로 비판한 것으로 알려져 있다. 그러나 자세히 읽어보면 프로이트는 종교와 심리학의 만남을 충돌하는 것으로 보지 않고 있음을 알 수 있다. 제목이 드러내는 바대로 그는 어울리지 않을 것 같은 '강박 행위와 종교 행위'의 만남을 비교 분석한다. 토끼와 거북이처럼 어울리지 않는 강박 행위와 종교 행위는 어떻게 해서 만난 것일까?

17세에 빈 의과대학에 입학하여 약 15년간 신경 계통 연구에 투신하던 프로이트는 유대인이었기 때문에 연구에 매진해도 학교에서 승진하지 못하고, 처자식을 둔 상태에서 늘 극심한 생활고에 시달려야 했다. 개업을 하지 않고 연구에만 매달리던 그는 빈 대학 생리학 연구소 소장이었던 스승 에른스트 브뤼케Ernst Brücke의 권유로 개업하여 수많은 신경증 환자들을 치료하게 된다.

프로이트는 하루 종일 신경증 환자 치료에 매달렸다. 그 과정에서 신경증 환자들의 강박적 행위와 종교인들이 신앙생활과 종교의식에서 보이는 과민한 집착과 강박증적 태도가 놀랍도록 유사한 데 충격을 받는다. 그는 신경증 환자들의 '수면의례'를 예로 든다. 그리고 잠자리에 들기 전에 속옷이나 베개의 위치 등이 자신의 패턴대로 유지되지 않으면 극도로 불안해지는 강박적 행위가 종교인이 종교적 의례에서 가지는 강박적 행위와 유사하다는 결론을 얻는다. 그는 종교인들의 행동을 통해서 그가 치료하는 신경증 환자들을 더 잘 이해할 수 있다고 말한다. 신경증 환자들의 강박적 의례 행위는 종교인의 '신성한 행위'와 유사하다. 그 의례 행위를 누군가로부터 방해받으면 참지 못하고 마치 '신성모독'처럼 느끼는 피해의식을 가지게 되니 말이다. 이처럼 프로이트의 〈강박 행위와 종교 행위〉에 나타나는 심리학과 종교의 만남은 결코 충돌의 모형이 아니다. 오히려 종교와 심리학을 엮는 그의 해석학은 대화에 가깝다.

실제로 1907년에 프로이트가 강박 행위와 종교 행위의 유사성에 관심을 가졌던 주된 이유는 강박 행위에 기초한 '무의식적 죄의식'에 대해 좀 더 자세히 알고자 했기 때문이다. 그는 종교인의 죄의식, 즉 자신들이 용서받을 수 없다고 생각하는 신념을 통해 신경증 환자의 강박 행위 배후에 있는 일련의 동기를 이해하는 데 요긴한 길을 발견하게 되었다고 지적한다. 그는 종교와 심리학의 대화에서 그가 치료하는 신경증 환자들을 좀 더 잘 이해하게 되었던 것이다. 그는 "강박과 금제의 고통을 받는 환자들이, 죄의식이 무엇인지도 모르면서도 일종의 죄의식 같은 것에 사로잡힌 것처럼 행동한다고 말할 수 있다"[6]고 대화에서 얻은 발견적인 의미를 밝히고 있다.

그는 대화에서 얻은 새로운 이해를 가지고 상호적인 의미를 추구할 때 더 밀접한 **통합**의 길로 들어선다고 주장한다. 신경증 환자의 강박증이 치료의 대상이라면, 종교인이 보이는 가상적인 불안, 불행에 대한 예감 또한 치료받아야 할 병리적인 것이다. 따라서 프로이트는 "신의 징벌에 대한 공포 형태의 불안은 신경증의 경우보다 종교의 영역에서 훨씬 더 낯익다"고 지적한다.[7] 종교인의 강박적 종교성을 치료하기 위해서는 정신분석학이라는 심리학의 도움이 반드시 필요하다는 점에서 그의 주장은 통합의 방향을 제시하는 것으로 볼 수 있다. 정신분석학적으로 성찰된 건강한 종교성의 추구를 목표로 말이다. 그러나 그의 결론은 종교 그 자체를 집단적인 강박신경증으로 간주하여 극복해야 할 정신병으로 몰고 가면서 통합보다는 **충돌**로 마무리된다. 이러한 관점에서 프로이트가 언급한 종교에 대한 모든 담론이 종교인들에게는 귀 기울이기조차 싫은 허튼소리가 되고 만다. 이러한 결과는 사실 그가 애초에 추구한 종교와 심리학의 대화가 주는 해석학적인 의미도 살리지 못하고 만남 그 자체조차 부정하고 만다.

이제는 심리학에서 프로이트의 자리를 찾을 수 없다. 보이지 않는 뱀장어의 고환을 찾기 위한 신경 계통 연구로 생리학에 입문한 프로이트는 후에 보이지 않는 무의식과 본능을 찾아내려는 인간의 심리 연구에 평생을 바쳤지만, 현대 심리학이라는 과학은 프로이트를 철저히 배제했다. 프로이트가 주장한 억압된 무의식의 역동은 실증적인 연구와 실험을 우선으로 하는 과학의 세계에서는 그저 그럴듯하게 꾸민 소설 정도로 치부되었다. 어쩌면 미국의 행동주의 심리학이 종교나 인간 정신의 내면적 세계에 대한 학문적 관심을 배제하면서 프로이트를 버린 것과 비슷한 시기에 종교인도 함께 그를 버렸는지도 모른다. 종교를 신경증으로 매도한 프로이트 같은 학자 때문에 다른 심리학자들이나 과학자들이 종교를 더 백안시한다는 피해의식까지 가지면서 말이다.

프로이트는 일찍이 제1차대전을 경험하면서 문명인의 도덕적 위선에 환멸을 느꼈고, 이 전쟁에 대한 단상은 무의식의 심리학을 만들어내는 계기가 되었다. 세계대전은 적대국 간의 전쟁이 아니라 동맹국이 참전하니 나도 덩달아 참전하는 '적을 모르는' 전쟁사의 물꼬를 튼다. 최근 이라크 전쟁에서 보여준 내 편이 아니면 모두 적이고, 동맹국이 원하면 적대 관계가 아니라도 전쟁을 하는 작태는 결코 새로운 것이 아니다. 프로이트는 이러한 현상을 억압되어 있던 무의식의 공격성이 전쟁을 통해 봇물 터지듯 드러난 것으로 보았다. 특히 종교인들이 문명에 의해 억압받았던 반사회적 폭력성을 신의 이름으로 자행하는 무의식적인 전이transference 현상을 엄중히 경고한다. 이는 프로이트가 치료한 신경증 환자들의 전이 현상과 종교인들의 전이 현상의 대화에 대한 연구를 통해 발견해낸 그의 해석학적인 이해이다. 신의 이름으로 자행된 이라크 전쟁 중 포로를 학대하는 수많은 사진이 언론에 공개된 바 있다. 무엇이 그 고문을 정당화하는가?

　종교인들의 강박적 행위와 공포 불안의 배후에 관심을 가진 프로이트는 종교인들이 사회적으로 부정하고 해로운 본능을 오히려 신에게 전이하는 역사에 대해 경고를 하고 있다. 십자군 전쟁이나 나치의 유대인 학살에 이어 미국의 이라크 침공 역시 신의 이름으로 자행된 폭력이라는 관점에서는 프로이트의 심리학이 결코 종교와의 만남에서 충돌만을 가져오는 적이 아니라, 종교인들의 '비판적인 동지'가 될 수 있음을 숙지해야 한다. 종교적 본질보다 '의례'에 강박증적인 집착을 보이는 종교인이나, 폭력성이나 전쟁과 같은 공격 본능을 신의 이름으로 표출하는 종교인에게는 프로이트의 심리학이 통합적인 측면의 동반자가 되어야 한다. 종교를 연구하는 이들에게 심리학은 배척의 대상이 아니라, 필요불가결한 대상이 되어 실천적인 통합을 이루어가야 한다는 말이다.

　다시 말해 프로이트의 정신분석학이 미국에 소개된 후 전개된 종교와 심리학의 충돌의 역사에서 아무 의미도 발견하지 못한 채 주저앉아서는 안 된다. 오히려 미래로 열린 통합의 가능성을 찾아내야 한다. 프로이트의 정신분석학이 언뜻 보기에 종교의 종말을 주장하는 것처럼 보여 그를 종교인의 공적처럼 느끼는 이들이 많지만, 사실 21세기에 신의 이름으로 전쟁을 자행하는 종교인에게 꼭 되물어야 할 가장 중요한 질문을 던지는 것을 볼 때 그는 우리에게 가장 절실한 동지가 될 수도 있다.

　따라서 이 책에서는 다양한 심리학적 접근 중에서 발달심리학, 사회심리학, 정신분석학, 문화심리학을 선별적으로 선택하여 그 **통합적인 만남**을 구성해보려고 한다. 이는 현재 우리 사회에서 가장 문제가 되고 있는 종교인의 도덕성, 분열, 폭력, 서양적인 영성 등의 종교 현상을 심리학적 관점에서 새롭게 이해하려는 것이다. 개별 심리학의 여러 연구 영역 가운데서도 한두 가지만을 선택한 데 대해서는 아쉬움이 남지만 종교와 심리학의 만남을 새로운 의미로 충분히 풀어낼 수 있으리라 생각한다. 훗날 독자들의 더욱더 세심한 관심이 촉발되기를 바라면서….

제 2 장

종교성,
과연
도덕성과 함께
성숙할 수 있는가

1987년 1월 14일 박종철이라는 대학생이 경찰의 고문 끝에 사망한 사건은 6월 민주항쟁의 도화선이 되었다. 대학생들은 거리로 뛰쳐나와 "박종철을 살려내라!"며 군부 독재정권 타도를 외쳤다. 그때까지 침묵하던 많은 시민과 지식인도 고문치사 후 범죄의 진상을 가리기 위해 시체까지 불태워버린 군부 정권의 비도덕성에 분노하기 시작했다. 가장 기본적인 도덕적 의식의 결여가 그동안 침묵해온 많은 무고한 시민을 자극했던 것이다. 그러나 정권의 야심은 이 문제에 지극히 미성숙한 대처를 하게 만들었고, 그들의 도덕성은 바닥에 떨어졌다. 더 이상 국민은 비도덕적인 정권을 참아내지 못하고 분연히 일어났다.

그해 1월 26일, 김수환 추기경은 명동성당의 미사에서 박종철 피살 사건에 대해 새로운 해석을 했다. 박 군을 고문치사하게 한 수사관은 물론, 그 일을 잘 알면서도 승인 내지 묵인한 상급자들, 모든 위정자들, 그리고 이런 사실이 우리나라 안에 있다는 것을 거듭 들으면서도 지금까지 남의 일처럼 무관심했던 우리 모두가 《죄와 벌》에 나오는 주인공 라스콜리니코프와 같이 큰 네거리에 가서 온 세상을 향해, 그리고 하느님께 "우리는 살인죄를 범했습니다!"라고 소리치며 진심으로 참회의 눈물을 흘려야 한다고 힘주어 말했다.

발달심리학자들은 인간의 인지적 발달은 도덕적 추론의 발달을 가지고 온다고 생각했다. 이런 맥락에서 보면 종교성 역시 발달의 과제처럼 보인다. 종교발달은 과연 도덕성의 발달과 동일한 것일까? 종교인의 성숙이란 과연 무엇을 의미하는가? 문제를 정확히 인식하고 해결하는 발달적인 능력 이외에 또 다른 차원의 무엇이 필요한 것은 아닐까? 도덕발달 심리학의 막다른 골목에서 만난 종교는 어떤 통합적인 의미를 만들어낼 수 있을까?

1. 나는 생각한다, 고로 종교적이다

인간의 종교발달에 관한 심리학적 연구는 발달심리학자들의 관심을 불러일으키는 주제이다. 특히 아동에게 종교성의 발달은 도덕성 발달과 함께 진행되며, 평생을 거쳐 지속적으로 인지 능력과 상호 작용을 한다는 연구 성과들이 있다. 종교발달과 관련된 이론들의 기초는 발달심리학의 아버지라고 불리는 스위스의 심리학자 장 피아제Jean Piaget의 인지발달 이론에서 찾을 수 있다. 그는 종교의 발달 역시 인간의 인지 능력의 발달과 무관하지 않다고 주장한다.

피아제의 4단계 인지발달 이론은 인지 능력이 ① 감각 운동기sensorimotor period(0~2세), ② 전 조작기preoperational period(2~7세), ③ 구체적 조작기concrete operational period(7~12세), ④ 형식적 조작기formal operational period(12세 이후)를 거치면서 발달하게 된다고 한다.[8] 이를 쉽게 풀어서 설명하면 다음과 같다. 1단계 감각 운동기는 유아들이 언어를 구사하기 전에 감각과 근육 운동을 통해 환경에 적응해가는 시기이다. 이 시기에 유아는 인지 과정을 통해 사고하기 전에 감각 기관을 사용한다. 예를 들면 엄마의 젖을 빨기 위해 정확한 각도를 잡아가는 시기라는 것이다. 또한 유아는 생후 4~8개월이 되어가면서 인과 법칙을 처음으로 배운다. 유아 초기의 장난감은 대부분 이러한 인과 법칙을 기초로 만들어진다. 딸랑이를 흔들면 소리가 난다는 인과 법칙을 인지하기에 그것을 집어 들고 흔들기 시작한다. 이 시기에 중요한 인지적 발달은 '대상영속성object permanence'의 획득이라고 피아제는 지적한다. 유아 초기에는 대상이 눈앞에서 사라지면 그 즉시 존재 자체가 소멸한다. 2~3개월의 유아들이 가지고 노는 장난감을 엄마가 숨기면 찾을 생각 없이 곧 딴짓을 하는 이유가 바로 이것이다. 그러나 8개월에서 12개월이 지나면 아이들은 물건이 보이지 않거나 소리나 냄새가 나지 않아도 존재한다는 대상영속성을 획득한다. 돌이 지난 아이는 엄마가 등 뒤에 숨긴 장난감을 내놓으라고 떼를 쓰는데 이 시기가 바로 대상영속성을 획득하는 시기이다.

2단계 전 조작기의 가장 큰 특징은 '자기중심성'이다. 이는 성인의 이기주의와는 다른 개념이다. 이 시기의 아동은 인지적으로 다른 사람의 관점을 가지기 전 단계이다. 엄마의 생일 선물로 눈깔사탕을 사오는 예가 그것이다. 3단계 구체적 조작기가 되면 타인의 입장을 이해하면서 구체적인 문제에 대해 논리적으로 사고하게 된다. 수학을 배워도 이 시기에는 산수의 수준이다. 덧셈과 뺄셈을 해도 구체적으로 물건과 손가락이 필요할 때다. 인지발달의 마지막 단계인 4단계 형식적 조작기가 되면, 구체적인 자료 없이도 추상적 사고가 가능하다. 복잡한 추리와 가설을 세우고 검증하는 인지적 능력을 갖추는 것이다. 형식적 사고, 즉 가정법을 기초로 한 비례적인 사고와 확률적 사고가 가능하므로 단순한 산수가 아닌 수학이라는 학문으로 서서히 입문할 수 있는 단계이다.

종교의 발달이 이러한 인지발달의 과정과 그대로 일치할 수는 없다. 그러나 종교적 사고가 이러한 인지발달과 무관하다고 주장하는 것 역시 무리다. 미국의 대표적인 발달심리학자인 데이비드 엘카인드David Elkind의 종교발달 이론을 살펴보자.[9] 피아제의 추종자인 그는 4단계의 인지발달과 연관 지어 종교발달을 설명한다.

첫 번째 단계는 유아가 '보존을 위한 탐색'을 하는 시기이다. 대상영속성이 부족한 이 시기의 유아는 사물의 보존을 인지하는 능력은 아직 미숙하지만 서서히 발달해가는 과정 중에 현재와 미래에 대한 시간의 흐름을 인식한다. 그러다가 아동기를 지나면서는 '영원'이라는 개념에 대해 새롭게 인식한다. 아끼던 강아지가 죽고 할아버지가 죽는 것을 경험한 아이는 자연스럽게 죽는 시늉을 하는 놀이를 하게 된다. 모든 생명은 영원히 사는 것이 아니라 반드시 죽는다는 인식은 아이에게 보존을 위한 탐색을 시작하게 만든다. 엘카인드는 이때 종교가 중요한 인지적 해결사로 등장한다고 본다. 즉 종교가 아동기의 보존 개념 문제를 해결해준다는 것이다. 이를 통해 보존을 위한 탐색이라는 인지적 과제에 직면한 아이는 '신은 영원하다'라는 개념을 수용한다.

두 번째 단계는 취학 전 아동들이 '표상을 위한 탐색'을 하는 시기이다. 이때 단어를 습득하는 과정에서 언어의 의미를 머릿속에 그려보는 정신적 표상을 만들어내는 능력을 개발해간다. 아동기의 종교생활에서는 추상명사인 하느님이나 종교적 경전에 나타나는 사랑 혹은 자비 등의 추상적인 가치에 대해 다양한 이미지를 만드는 표상적 과정을 거친다.

세 번째 단계는 학동기 아동들이 '관계를 위한 탐색'을 하는 시기다. 이 시기의 아동은 학교생활과 학습을 통해 인간관계를 비롯해 사물과 조화롭게 관계 맺는 법을 익혀나간다. 그림을 그려도 이전에 그리던 아무도 알 수 없는 난화(亂畵)에서 벗어나 제법 조화 있는 그림을 그린다. 친구들에게 인정받고 사랑받는 자신을 만드는 일에 관심을 보이는 것도 이 시기다. 이전의 유아기와 아동기를 거쳐 신의 개념과 성서 등에 나타난 표상을 받아들인 학동기 아동들이 신과 관련을 맺는 방식에 대해 탐색하기 시작한다는 것이다. 이 시기 아동들의 기도와 종교생활, 예배 방식은 관계를 위한 탐색의 인지적 차원에서 이해할 수 있다.

마지막 단계인 청소년기에는 '이해를 위한 탐색'을 시작한다. 이때는 단순히 상호 관계를 탐색하는 단계를 넘어서 이론화하는 능력을 발달시킨다. 이를 엘카인드는 '이론 구축 능력'이라고 본다. 즉 자신과 관계를 맺는 주변 사람들을 이해하는 과정에서 자신만의 이론을 구축해간다는 것이다. 그러나 이해를 위한 자신의 이론은 금방 한계를 드러낸다. 비근한 예로 "왜 착한 이들은 고통을 받는가?"를 들 수 있다. 자신의 이해 능력을 벗어난 인식의 벽에 부딪힌 청소년들에게 또다시 종교가 등장한다고 엘카인드는 지적한다. 자신의 설명이 불가능할 때 종교가 그 해답을 준다는 것이다. 이건 "신의 뜻이야", 아니면 이는 "신만이 아시는 일일 거야"라고.

엘카인드는 피아제 이론의 틀을 그대로 사용하여 종교발달의 근간이 인간의 인지발달에 있다고 주장한다. 그의 이론적 설명에서 종교와 심리학의 만남은 대화의 관점에서 진행된다. 물론 그가 추진하는 대화는 발달심리학적인 관점이다. 발달심리학자의 관점에서 본 종교의 인지적 체계는 종교와 심리학이 서로 대화할 수 있는 해석의 장을 제공하고 있다. 종교학자들은 종교를 이러한 인지적 측면에서만 볼 수는 없다고 주장할지도 모른다. 그러나 대화의 틀 안에서는 종교인들 역시 발달심리학의 관점에서 자신의 종교성의 성숙도를 스스로 '발달적으로' 점검할 수 있지 않을까?

"내 몸이 편해야 종교도 있다"고 믿는 성인 종교인이 있다고 하자. 만약 이 성인의 종교성이 지극히 '감각적인 운동'에 기초한 인지적 구조를 가졌다면 이를 '감각 운동기'의 단계에 비추어 그 발달 정도를 평가해볼 수 있지 않을까? 다른 이들의 관점이나 나와 다른 신앙을 가진 이들의 관점을 도저히 가질 수 없는 '자기중심적' 종교인이 있다면 이는 아직 전 조작기적인 발달에 머물러 있는 것이며, 경험한 것만이 '진짜' 신앙이라고 믿는 종교인은 구체적 조작기에서 형식적 조작기로의 발달이 진행되지 않았다고 볼 수 있다. 종교인들이 하늘처럼 받드는 경전 내에도 다양한 명제가 등장하고 상호 모순적인 측면이 발견된다. 발달심리학적 관점에서는 이러한 명제 사이의 갈등을 조절하고 가설을 만들어내는 연역적 사고가 가능한 종교인이야말로 '형식적 조작'이 가능한, '인지적으로' 성숙한 종교 발달을 이루었다고 본다. 이러한 종교와 발달심리학의 해석학적 대화는 약이 될지언정 결코 해가 되지는 않을 것이다. 특히 종교인들이 자기 자신의 발달을 비추어보는 거울로 삼는다면 말이다.

2. 도덕성, 판단인가 책임인가

발달심리학적인 연구사에 있어서 아무래도 종교에 관한 관심은 인간의 도덕성에 대한 관심과 깊이 연결되어 있다. 피아제는 인간의 인지발달에 대한 연구를 토대로 '도덕적 추론 moral reasoning'에 관한 이론을 수립한다.[10] 그의 이론에 따르면 아동은 두 가지 단계를 거쳐 인지적으로 도덕성을 구축해간다. 예를 들어 아동에게 다음과 같은 질문을 던졌다고 하자. 철수라는 아이는 엄마가 밥을 먹으라고 불러서 부엌으로 달려가다가 실수로 컵 열다섯 개를 깼다. 그리고 영만이라는 아이는 엄마가 없을 때 찬장에서 잼을 몰래 꺼내 먹으려고 하다가 그만 컵 하나를 깨뜨렸다. 철수와 영만이 중 누가 더 품행이 나쁜 아이인가? 이 질문을 받은 아이들은 대체로 컵을 열다섯 개나 깬 철수가 더 나쁘다고 대답한다. 이 시기의 아이들은 주로 결과 위주로 추론하는 단계이고, 단순히 시각적이고 물질적인 결과에 더 주목한다. 이 단계를 '도덕적 실재론moral realism'의 단계라고 부른다. 실재론적인 인지발달을 거치면서 아이들은 좀 더 구체적이고 자립적인 도덕적 추론을 발달시켜간다. 아이들은 열다섯 개의 컵을 깬 철수가 더 나쁘다고 보는 결과론적인 시각에서 서서히 행위의 의도에 근거한 도덕적 판단을 시작해 단 한 개의 컵밖에 깨지 않았더라도 엄마 몰래 먹으려고 한 영만이가 더 나쁘다고 보는 단계로 발달한다. 이를 '도덕적 자립moral independence'의 단계라고 부른다.

  이러한 도덕성의 발달은 분명 발달의 측면이 있다. 물론 절대적인 발달 시기가 있을 수는 없다. 모든 아동이 일정한 시기가 되었을 때 무조건적으로 다음 단계로 옮겨가는 것은 아니라는 말이다. 주로 아동의 실재론적인 시각은 권위적인 성인(주로 부모)과의 관계에서 강제적인 금지, 처벌, 규칙 혹은 보상 등을 경험하면서 동기보다는 결과 위주의 '구속적 도덕성morality of constraint'을 보인다. 성인 중에서도 이러한 도덕성은 얼마든지 발견된다. 선거 기간에 유권자에게 뇌물을 주지 못하도록 하기 위해, 유권자가 100,000원 이상을 받으면 처벌받는 법이 생겼다고 할 때 99,900원을 건네는 사람이나, 내심 안도하며 그것을 받는 사람 모두 규칙의 '정신'보다는 규칙의 '문구'에 더 집착하는, 도덕적 실재론의 단계에 있는 사람들이다.

  한편 피아제는 대부분의 아동이 건강한 발달 단계에서는 '협력적 도덕성morality of cooperation'을 발달시킨다고 본다. 이는 성인과의 일방적인 관계보다 친구들 같은 또래 집단과의 상호 관계를 통해 발달한다. 예를 들면 집단적인 놀이를 통해 대등한 교환과 생각을 공유하는 인지발달이나, 학교생활 등에서 경험하는 집단적인 토론 과정에서 협력하는 인지 과정에 입문한다. 이러한 협력 관계를 통해 자신이나 타인이 가지는 행동의 동기에 대해 진지하게 인지한다. 도덕적인 행동이 선호되는 이유는 개인적인 보상이나 처벌 때문이 아니라, 타인, 더 나아가서는 공동체나 사회에 미치는 긍정적인 영향 때문에 가능한 단계로 발달해간다는 것이다. 많은 인지발달 이론가들은 종교성의 발달이 이러한 도덕성의 인지적 발달과 평행 관계를 이룬다고 본다. 성숙한 종교발달은 성숙한 도덕발달을 동반한다. 사실 프로이트의 정신분석학 역시 이러한 관점을 공유한다. 프로이트의 종교 비판은 도덕적인 기반으로서의 종교가 지닌 부적절성을 비판한 것이다. 프로이트가 진단한 종교인들의 병리적 측면, 즉 강박적인 행위를 보이고 신의 처벌에 대해 불안해하고 공포심을 느끼는 것도 피아제의 관점에서 보면 종교성이 구속적 도덕성의 차원을 넘지 못한 미성숙함을 그대로 보여주는 실례라고 할 수 있다.

피아제 이후 도덕발달 이론에 큰 획을 그은 학자로는 미국의 심리학자 로렌스 콜버그Lawrence Kohlberg를 들 수 있다. 콜버그는 1948년 시카고 대학에 입학하여 최고 점수를 기록하며 1년 만에 학부를 졸업하는 천재성을 발휘한다. 대학원에서 임상심리학을 전공하던 그는 피아제의 도덕발달 이론에 매료

되어 1958년 도덕발달에 대해 박사 학위논문을 쓴다. 그는 논문에서 '하인츠Heinz 딜레마'라는 이야기를 들려주고 이에 다양하게 응답하는 시카고 지역의 72명의 백인 어린이를 인터뷰하여 6단계의 도덕발달 이론을 정립한다.[11]

하인츠 딜레마의 내용은 다음과 같다. 암에 걸려 죽음이 임박한 부인을 둔 하인츠는 의사에게서 어느 약제사가 발명한 약이 유일한 치료약이라는 말을 전해 듣는다. 약제사는 그 약을 만드는 데 엄청난 노력과 비용이 들었으므로 그 약을 만든 비용의 10배를 약값으로 받으려 한다. 약을 만든 비용이 200달러이기 때문에 약제사는 조그마한 약 한 알에 2,000달러를 요구했다. 백방으로 돈을 구하러 다니던 하인츠는 간신히 1,000달러를 구했다. 약제사를 찾은 하인츠는 사정 이야기를 하면서 약값을 조금 싸게 해주든지, 약값을 나중에 지불할 수 있게 해달라고 사정했다. 그러나 약제사는 "안 된다. 내가 그 약을 발명하는 데 들인 노력 때문에라도 나는 그 정도의 돈을 받아야만 한다"고 말한다. 실의에 빠진 하인츠는 자기 부인의 병을 고치기 위해 그 약을 훔치려고 약제사의 가게를 부수고 들어갔다. 콜버그는 이 딜레마를 들려주고 하인츠가 과연 꼭 그렇게 했어야만 하는가에 대해 물었다.

콜버그는 이 딜레마에 등장한 상황을 도덕적으로 추론하는 과정을 통해 피아제가 설명한 두 단계보다 훨씬 세밀한 발달적 과정이 있다는 것을 밝히고자 했다. 그는 아이들의 대답에 기초하여 다음의 6가지 도덕성에 대한 원칙에 따라 다양한 대답이 가능함을 유추해낸다.

① 벌을 피하기 위해 규칙에 복종한다.

② 선물이나 그 외의 것을 가질 수 있는 보상을 위해 행동한다.

③ 다른 사람들의 비난과 싫어함을 피하기 위해 행동한다.

④ 정당한 권위나 결과론적인 죄 때문에 생겨난 힐책을 피하기 위해 행동한다.

⑤ 공동체의 복지의 관점에서, 공정한 관찰자의 관점에서 행동한다.

⑥ 자기 자신의 비난을 피하기 위해 행동한다.

콜버그는 위의 6가지 도덕적 원칙을 차례로 재구성해 유명한 6단계의 도덕발달 이론을 만들어간다. 1단계는 '형벌과 복종에 의한 도덕성'이다. 자기중심적인 구속적 도덕성의 관점을 드러내는 가장 저급한 도덕성이다. 2단계는 '욕구 충족을 위한 수단으로서의 도덕성'이다. 여기서는 상대화의 관점이 드러난다. 이것은 상대방이 내게 이익을 줄 때만 나도 그에 걸맞은 행동을 하는 도덕성이다. 만약 아내가 하인츠에게 그다지 도움이 안 되는 배우자라면 굳이 훔치지 않을 수도 있다고 보는 것이다. 3단계는 '대인 관계의 조화를 위한 도덕성'이다. 가치 판단의 객관성을 중시하고, 타인의 생각을 진지하게 고려하는 객관화된 단계이다. "남들이 나를 도대체 어떻게 평가하겠는가" 하는 관점이 중요하다. 4단계는 좀 더 나아가 '법과 사회 질서를 준수하는 도덕성'이다. 이는 선악 판단의 사회성을 염두에 둔 사회화의 단계이다. 그러므로 무엇보다도 우리가 사는 사회가 가지고 있는 법을 준수하는 것이 가장 중요하다고 판단한다. 그리고 5단계로 넘어가면 '사회 계약 정신으로서의 도덕성'을 견지한다고 보는데, 이는 가치 기준을 일반화하는 단계로 법이 내가 사는 사회에 존재하는 것이 문제가 아니라, 법조문의 문구 배후에 있는 사회적 계약의 정신을 가장 중시하게 된다는 것이다. 마지막으로, 콜버그 자신을 제외하면 다다르기 어려운 단계인 6단계는 '보편적 도덕 원리로서의 도덕성'을 지적한다. 여기서 중요한 보편적 도덕 원리란 나 자신과의 약속이다. 즉 자기 자신 안에 살아 있는 양심의 결단이 윤리적 사고나 체계에 있어서 최고 경지이다.

콜버그의 이 6단계 도덕발달 이론이 처음 세상에 소개되었을 때 많은 미국의 지성인들은 이 딜레마를 가지고 자신의 도덕발달 단계를 알아보는 것이 장안의 화제였다고 한다. "야, 너 하인츠 아니, 너 몇 단계냐?"가 인사처럼 되었다. 그리고 수많은 심리학도가 콜버그가 있는 하버드 대학의 교육대학원에 몰려들었다.

발달심리학자들에게 콜버그의 많은 제자 중에서 가장 두드러진 공헌을 한 학자를 꼽으라면 단연 그의 여제자인 캐럴 길리건Carol Gilligan을 지목한다. 콜버그와 함께 하버드 대학 교육대학원의 교수로 재직하고 있던 그녀는 1982년《다른 목소리로In a Different Voice》라는 책을 통해, 책 제목에서와 같이 스승 콜버그의 도덕발달 이론과는 사뭇 다른 목소리를 내기 시작한다.[12] 콜버그 이론의 도덕성 판단 기준이 지극히 남성주의적이라는 비판과 함께 여성주의적 관점에서 새로운 도덕발달 이론을 제시한 것이다. 그녀는 콜버그의 도덕성 이론에 있어서 '정의justice'에 대한 이해가 높을수록 높은 차원의 도덕성으로 규정되는 것을 발견한다. 특히 남자아이만을 대상으로 연구했던 콜버그와는 달리 여자아이를 대상으로 연구를 진행한 길리건은 전통적인 도덕성 측정에 있어서 남녀 간의 뚜렷한 성별 차이가 반영된다는 것을 지적한다. 길리건은 남자아이들이 여자아이들보다 정의에 대한 이해도가 훨씬 높기 때문에 도덕성 수치가 높게 나타난다고 주장한다. 그녀의 중요한 연구 질문은 '도덕성의 성숙이 정의의식을 판단하는 기능만을 의미하는 것인가'이다.

길리건은 여자아이들에게 있어서는 정의에 대한 판단의식보다 '돌봄caring'이 일차적인 관심이며, 사례에 대한 판단보다 대인 관계에 있어서의 '감정'이 보다 중요한 요소로 작용하는 것을 지적한다. 길리건의 이러한 연구는 스승인 콜버그가 다루지 않은 여자아이들의 도덕성을 다룬 점에서 분명히 콜버그의 남성주의적 도덕발달 이론의 단면을 비판하고 보강한 점이 있다. 그러나 그녀의 연구는 여기서 그치는 것이 아니다.

성별 차이에만 집중한다면, 콜버그와 길리건의 도덕발달 이론의 만남이 주는 해석학적 의미는 별개의 것이거나 충돌일 수 있다. 하지만 두 이론이 제시하는 인간의 상이한 도덕성의 문제가 사실 성별 차이만을 견지하는 것이 아니라, 보다 보편적인 도덕성의 모습을 향한 통합의 관계일 수 있지 않을까?

나는 1996년 미국 하버드 대학의 신학 석사 과정에 재학하면서 교육대학원에 건너가 길리건의 박사 과정 세미나를 청강한 적이 있다. 소규모의 세미나였지만, 그녀는 나의 종교 심리학적 접근에 관심을 보이며 청강을 허락해주었다. 당시 길리건이 진행한 박사 과정 세미나의 제목은 '관계적 심리 학relational psychology'이었다. 당시 그녀는 스승 콜버그에 대한 여성 주의적 비판에서 시작한 그녀의 심리학을 단순히 성적인 차이를 강조하는 데서 한 단계 나아가 좀 더 전체적인 구도로 새롭게 구성하고 있었다. 즉 성적인 차이에 의해 도덕 심리학과 윤리가 양성적으로 존재하는 것이 아니라, 도덕성 과 윤리의 새로운, 보다 통합적인 심리학적 차원을 자리매김 하고자 했다.

후대 학자들은 콜버그의 심리학은 세상을 온통 딜레마와 판 결이 난무하는 법정처럼 이해함으로써 개인의 잘잘못을 판단 하는 의무 중심의 '법정 윤리juridical ethics'를 만들어내는 반 면, 길리건의 심리학은 판단하고 심판하는 것만이 아니라 한 개인의 상황을 돌보아주고 책임져주는 보다 관계지향적인 '책임 윤리responsibility ethics'를 가능하게 한다고 평가한다. 종교의 윤리적 차원을 연구하는 종교 교육자나 신학자들은 이 러한 도덕 심리학의 새로운 관점을 수용함으로써 종교인과 비 종교인들이 함께 궁극적으로 추구해야 할 윤리적 가치에 대한 비전을 제시할 수 있을 것이다.

3. 심리학의 문제와 종교의 신비가 만날 때

미국의 종교 교육학자 크레이그 다이크스트라Craig Dykstra
는 콜버그 연구의 대안으로서 종교 윤리의 새로운 모형을 제
시한다. 그는《비전과 인격*Vision and Character*》에서, 콜버
그의 법정 윤리학의 풍경이 온통 딜레마와 결단, 그리고 선택
의 과정만이 부각되는 문제투성이임을 지적하며, 이러한 윤리
의 관점에서 도덕적 자아란 결국 판사나 재판관일 뿐이라고
개탄한다. 그는 도덕적 세계가 사실은 법정 윤리학에서 보는
문제의 세계라기보다는 신비의 세계라고 주장한다.[13] 왜 그는
도덕성에 대한 논의에서 느닷없이 신비라는 다소 모호한 용어
를 쓴 것일까? 물론 사람들을 문제가 아닌 신비로 보는 그의
관점은 단순히 심리학적인 관점을 넘어선 신학적 관점이다.
이러한 논점에서 우리는 도덕성의 발달심리학이 종교와 통합
적으로 만나는 것을 목격한다.

다이크스트라에 따르면, 우리는 결코 우리가 만나는 사람들
을 도덕적으로 간파하거나 그들을 우리의 인지적 판단 아래
둘 수 없다는 사실에 의거해볼 때, 인간은 하나의 신비일 수밖
에 없다. 이는 모든 사람들에게는 우리가 파악하는 것 '이상'의
것이 언제나 있다는 관점이다. 우리는 부분만 볼 뿐이지 결코
전체를 볼 수 없다. 우리가 판단하는 지극히 작은 부분 너머의
세계는 늘 보다 광활한 초월적인 세계다. 그렇다면 우리가 만
나는 사람들의 세계 역시 초월적인 신비로 가득 차 있지 않을
까? 그래서 다이크스트라는 사람이란 그가 가지고 있는 "초월

적인 풍부함이 우리의 이해를 압도하는 실재"[14]라고 말한 것일지도 모른다. 결국 도덕적 세계에서 타인과 만나고 대면한다는 것은 타인의 신비 앞에 겸허해지는 것을 의미한다. 따라서 다이크스트라는 한 개인이 도덕적이라는 것은 타인을 이러한 신비로 보고 대면하는 것이라는 종교적인 관점에서 '비전 윤리학visional ethics'이라는 이름의 새로운 윤리의 모형을 제시한다. 법정 윤리학이 우리에게 요구하는 것은 판단하는 의지와 능력인 반면, 비전 윤리학에서는 그러한 결정, 선택, 특수한 행동이 더 이상 우선적으로 고려되지 않는다. 첫 번째 고려 대상은 '무엇을 보느냐'이다. 즉 '무엇이 문제인가'보다 '사람들은 과연 무엇인가' 하는 비전에 더 관심을 가진다. 이런 이유로 비전 윤리학은 '어떤 결정을 할 것인가'보다 '어떻게 살 것인가' 하는 명제에 더 큰 비중을 둔다.

길리건이 심리학적으로 지적한 것처럼 윤리적으로 돌보고 책임지는 행동을 한다는 것은 과연 무엇인가? 이는 종교적인 관점과 통합해볼 때, 타인과 외부 세계의 신비스러운 깊이를 엿볼 수 있는 능력이라고 할 수 있지 않을까? 이에 미국 듀크 대학의 저명한 윤리학자이자 신학자인 스탠리 하워와스Stanley Hauerwas는 콜버그의 심리학에서 나타나는 상황에 대한 이성적이고 분석적인 판단을 중심으로 하는 문제 해결 중심의 도덕적 자아에 대비해 새로운 도덕적 자아의 모습을 제시한다.[15] 새로운 도덕적 자아는 무엇이 옳은 결정인가보다 관계에 있어서 무엇이 옳은가에 관심을 가진다. 자아는 홀로 외딴섬에서 양자택일하는 단독자가 아니라, 타인과 더불어

사는 관계적 존재라는 자각이 중요하다. 결국 도덕적인 행위에 있어 공동체 안에서 배우고 형성되는 비전과 인격이 매우 중요한 요소로 부각된다는 것이다. 이제 무엇을 해야만 하는가 하는 콜버그의 도덕적 관심은 무엇이 선하고 덕스러운 일인가 하는 보다 종교윤리적인 관심으로 전환된다. 하워바스가 제시하는 도덕적 자아는 자신이 속한 공동체에 대한 책임감 있는 인격을 가지고, 타인의 부분을 판단하기보다는 전체의 틀 안에서 타인의 특수성을 하나의 신비로 볼 수 있는 비전을 가진 사람이다. 이처럼 그의 윤리적 관점에서 우리는 종교와 도덕발달의 심리학이 만나 보다 **통합적인** 비전을 만들어내는 것을 발견할 수 있다.

예를 들어보자. 지하철에 한 남자와 그의 아들로 보이는 여섯 살짜리 남자아이가 탔다. 남자아이가 지하철 안에서 정신 나간 듯이 법석을 떨고 괴성을 질러대며 주위 사람들은 아랑곳하지 않고 제 안방처럼 나뒹구는 것을 아이의 아버지는 그저 우두커니 바라보고만 있다. 지하철을 탄 사람들은 혀를 차면서 아이의 아버지를 원망스러운 눈초리로 보기 시작한다. 설쳐대는 아이보다 가만히 두고 보는 아비가 더 밉다는 눈초리로 말이다. 참다못한 한 남자가 그 아이의 아버지에게 한마디 쏘아붙인다. "당신, 좀 심하지 않소. 사람이 양심이 있어야지. 지하철이 당신네 안방도 아니고…" 그제야 긴 잠에서 깨어난 듯 아이의 아버지는 정신을 가다듬더니 남자에게 정중히 고개를 숙이고는 다음과 같이 말한다. "아이고, 죄송합니다. 제가 너무 정신이 없어서 그만… 사실은 저와 제 아이는 지금 죽은 아이의 엄마를 화장하고 오는 길입니다. 아이를 이제 홀로 키울 시름에 빠져 그만 이 아이가 철없이 야단법석을 떠는 줄도 모르고 제가 넋을 놓고 있었나 봅니다. 너그러이 용서해주십시오." 그 이야기를 듣고 있던 모든 사람들은 일제히 힘껏 추켜올렸던 눈의 힘을 풀고 슬그머니 고개를 숙였다. 잠시나마 그 부자의 질서의식과 도덕의식을 의심했던 자신들이 부끄러워진 모양이다. 그러고는 아이와 아버지를 안타까운 마음으로 바라보기 시작했다. 아이가 법석을 떠는 모습이 사람들의 마음을 더욱 아프게 했다. 아니, 저 아이가 저러는 건 마음의 지독한 슬픔을 이겨내는 자구책은 아닐는지 하고 다소 전문가적인 생각을 하는 사람들도 있다. 무엇이 사람들로 하여금 '천하에 무례한' 부자를 다시금 '괜찮은, 아니 좋은' 사람으로 생각하게 했는가? 달라진 것은 하나도 없다. 아이나 아버지나 사람은 그대로요, 그들의 행동도 그대로다. 그러나 그들을 보는 비전이 바뀐 것이다.

그렇다면 비전 윤리학의 관점으로 대체 무엇을 본다는 것인가? 사람들을 문제가 아닌 신비로서 바라보는 것이다. 이는 단순히 하나의 관점일 뿐 아니라 책임적 행동을 동반한다. 지하철의 부자를 단순히 문제로만 보는 관점으로는 이들에 대한 어떤 돌봄이나 책임도 나타나지 않는다. 그저 판단하고 정죄할 뿐이다. '무슨 특별한 이유가 있겠지' 아니면 '혹시 이 아이나 아버지가 알 수 없는 연고로 저러고 있는 것은 아닐까' 하는 관점은 구체적이고 특수한 한 인간을 볼 수 있게 하고, 그에 대한 돌봄과 책임의 영역까지 가능하게 한다.

이 시대 우리 현대인의 도덕성에 있어 종교와 발달심리학이 **통합**을 모색해야 할 이유는 과연 무엇인가? 모든 종교는 악과 고통, 죽음의 문제를 다룬다. 그러나 종교는 악과 고통, 죽음을 문제로만 다루는 것을 거부한다. 우리는 대개 악과 고통, 죽음 등을 있는 그대로, 즉 하나의 실재, 그리고 우리 삶 가운데 살아 있는 하나의 신비로서 직면하는 것을 배우지 않는다. 그저 끝까지 부정하고 망각하고 싶어 한다. 시인 박노해가 지적한 대로 우리는 "한겨울 속에 입춘이 들어 있듯이 죽음은 삶이 다한 후에 오는 것이 아니라 지금 여기 삶 속에 들어앉아 숨 쉬며 자라고 있는 생명체"임을 알지 못한다.[16] 늘 고통이 문제이고, 죽음은 더 큰 문제이다. 의사에게 고통과 죽음은 문제일 뿐이어서, 죽어가는 환자의 죽음 앞에서 아무런 말도 하지 못한다. 자신이 극복하지 못한 문제의 위력 앞에 무력해질 뿐이다.

종교는 이러한 인간을 문제의 세계에서 하나의 신비의 세계로 안내한다. 종교는 악의 세력을 무시하거나 죽음을 부정하거나 도피하지 않는다. 가장 비근한 예로는 기독교에서의 예수의 고통과 죽음을 들 수 있다. 예수는 신의 아들이지만 고통이나 죽음을 말살하거나 초월하지 않고 그대로 받아들일 뿐만 아니라, 가장 잔인한 십자가형이라는 형태로 적극적으로 수용하는 모습을 보여준다. 이 사건을 통해 그의 죽음과 부활을 믿는 기독교인들에게 있어 문제의 세계는 기독교라는 종교가 가지고 있는 신비의 세계로 옮겨간다.

또한 경전에 나타난 기독교의 예수나 불교의 부처의 행보 역시 잘잘못을 따져 심판하는 윤리를 넘어서는 책임 윤리를 구현하며 우리에게 법정 윤리학의 한계를 명확하게 보여준다. 간음한 여인을 돌로 쳐 죽이려는 유대인들에게 "죄 없는 자가 여기 있으면 이 여자에게 돌을 던져라" 하고 선포함으로써 그 여인을 살린 예수는 어떻게 그 자리에서 한 개인의 죄에 대한 심판보다 그 사람의 상황을 돌보는 행동을 할 수 있었을까? 고통이나 만물로부터 도피하는 것이 아니라 나와 만물이 상호 의존하고 있다는 진리를 깨닫는 불교의 공(空)이라는 가치는 우리에게 어떤 관점의 변화와 책임을 요청하는가? 종교는 우리에게 새로운 비전의 변화를 통해 보다 통합적인 윤리와 도덕성을 가지도록 인도한다.

그동안 인지발달이나 도덕성, 혹은 종교성의 발달이 불변의 순서를 가지고 상호적인 관계를 유지하면서 진행된다는 발달심리학적 주장에는 많은 이견과 비판이 있어왔다. 일생을 몇몇 시기로 나눈다든지, 몇몇 단계로 나누는 발달 이론의 정확한 시기의 분류는 이제 그리 중요한 암기 사항이 아니다. 중요한 것은 성장이 제대로 진행되지 않으면 성인이라 하더라도 아동 수준의 인지발달적인 도덕성과 종교성을 가질 수 있다는 것이다. 그렇기 때문에 발달심리학은 여전히 영향력을 갖는다. 성장의 정도는 다르지만, 성숙의 방향은 인지발달을 따라 불변한다고 보기 때문이다. 도덕 교육이나 종교 교육 현장에서도 발달심리학의 도움으로 '교차 단계적 의사소통 crossstage communication'이 가능하다.[17] 즉 성인이 아동에게 도덕과 종교를 교육할 때는 인지발달의 단계에 유의해 이에 걸맞은 눈높이 교육을 할 수 있어야 한다는 말이다. 그러나 한 인간을 인지발달이라는 틀 안에 가두고 그 인지발달의 순서는 결코 변치 않는다는 전제로 과연 인간의 도덕적 혹은 종교적 성장을 얼마나 잘 설명할 수 있을까?

콜버그의 도덕발달 이론에서 나타난 바와 같이 딜레마를 해결하는 인지적 능력만을 가지고는 결코 개인의 도덕성이라는 전체 그림을 헤아려볼 수 없다. 이를 가장 명백히 보여준 길리건의 여성주의 심리학에서의 돌봄과 책임을 강조하는 도덕성의 발달은 단순히 여성의 도덕성뿐 아니라 인지발달 너머의 세계에도 관심을 갖게 한다. 이에 종교의 관점이 발달심리학과 의미 있는 **통합**의 만남을 구성하게 되는 것이다. 한 인간이 문제를 해결하는 인지 능력을 넘어서, 문제 너머의 신비를 넘겨다보고 돌보고 책임지려는 관점이 바로 그것이다. '책임'이라는 단어는 듣기조차 싫어하고, 특히 잘못에 대해서는 남을 탓하는 데 익숙한 우리에게 절실히 필요한 것은 "종철이는 내가 죽였다"고 고백한 종교 지도자의 돌봄의 책임감이 아닐까? 이런 점에서 한 인간이 올바른 인간으로 성장하는 과정에 대한 연구에서 종교와 발달심리학의 통합적인 만남이 귀중한 역할을 하리라 기대해본다.

제 3 장

종교인,
왜
갈라지는가

미국에 있을 때 데이비드라는 60대 중반의 기독교인을 만난 적이 있다. 그는 큰 전자 회사의 중역을 지내다가 은퇴한 후 미국 북동부의 메인주에서 아내와 함께 오붓하게 살고 있었다. 그런데 그의 아내는 근처 교회에 열심히 출석해 교회의 사무 행정을 하면서 목사의 목회를 돕는 반면, 데이비드는 무슨 알레르기라도 있는 것처럼 한 번도 예배에 나오는 일이 없었다. 그러나 데이비드가 그 교회나 목사에게 무슨 나쁜 감정이 있다든지, 혹은 기독교 신앙을 전혀 가지고 있지 않다고 보기에는 이상한 구석이 많았다. 예배가 있는 일요일을 제외하면 그는 거의 매일 교회에 나왔다. 그 교회가 의욕적으로 추진하는 지역봉사 프로그램인 '자동차로 나르는 음식Meals-on-Wheels'의 총책임자로 활동했기 때문이었다. 이 프로그램은 미국 정부에서 지원하는 거동이 불편한 노약자나 장애인에게 따뜻한 도시락을 매일 배달하는 사회봉사 사업이다. 교회 내에 여러 대의 냉동고를 구비하고 정부 기관이나 지역의 다양한 기관에서 음식을 조달받아 냉장 처리하고 조리하고, 운전 자원봉사자를 훈련시켜 배달하는 전 과정을 지휘하는 데이비드는 음식 배달이 없는 일요일을 제외하면 교회에서 목사보다 더 바쁜 사람 중 하나다. 그렇게 교회가 하는 사회봉사 사업에서 주도적인 역할을 하는 그가 예배에는 그림자도 보이지 않는 것이 그 교회 목사에게는 적잖은 충격이었던 것 같다. 목사는 혹시 주중의 과로로 인해 일요일에는 녹초가 되어 그런가 하고 데이비드의 아내에게 물었는데, 오히려 일요일에는 더 활동적이라고 하니, 목사의 실망은 이만저만이 아니었다.

목사는 데이비드를 일요일 예배에 참석시키려고 온갖 방법을 동원했다. 직접 찾아가 회유하기도 하고 교회에서 일요일에 진행하는 부부 동반 프로그램을 만들어 초청도 해보았으나, 부부 금실이 좋기로 유명한 착한 남편 데이비드는 어찌 된 영문인지 미동조차 하지 않았다. 드디어 목사는 데이비드를 움직일 수 있을 만한 결정적인 방법을 생각해냈다. 데이비드가 '자동차로 나르는 음식' 프로그램에 온 정열을 바치는 것을 아는 목사는 이 봉사 프로그램에 참여하는 모든 자원봉사자들을 초대해 그들의 노고를 치하하고 격려하는 특별 예배를 만들었다. 이 프로그램의 총책임자인 데이비드가 빠지면 다른 봉사자들도 왠지 썰렁해지는 다소 잔인한 연출이었다.

드디어 결전의 날이 밝아, 데이비드는 처음으로 교회의 예배에 참석하게 되었다. 목사는 예배 시간에 데이비드를 본 것만으로도 감격에 겨워 눈물이 날 정도였다. 게다가 데이비드 역시 그렇게 봉사 프로그램 자원봉사자를 위한 특별 예배를 만들어준 목사에게 진심으로 감사하는 것이 아닌가? 목사는 이제 일요일마다 데이비드가 예배하는 모습을 보겠거니 하는 감격에 흠뻑 젖었다. 그러나 그날 이후 목사는 예배 시간에 데이비드를 만날 수 없었다. 목사는 더 이상 매 주일 데이비드를 위한 예배를 연출할 수 없어서 마음을 정리해야만 했다. 그리고 데이비드를 예배와는 무슨 좋지 않은 추억이 있는 사람쯤으로 여기기로 했다. 그렇지 않으면 괘씸죄를 적용하여 데이비드의 신앙을 정죄(定罪)하고 싶을지도 모르기 때문이었다.

1. 뿌리인가 열매인가 — 종교성의 갈래

사실 미국의 기독교인들 중에서 데이비드 같은 이들을 찾는 것은 그리 어렵지 않다. 많은 한국의 기독교인들이 데이비드와 같은 기독교인을 만난다면 대번에 '빵점짜리 기독교인'이라는 딱지를 붙이려 할 것이다. 그러나 미국 사회에서 자신을 기독교인이라고 말하는 이들에게는 우리 사회에 비해 훨씬 더 실용주의적인 측면이 강조된다. 앞서 윌리엄 제임스의 경우처럼 미국인들에게는 종교적 신앙에 대해 '뿌리'라기보다는 '열매'라고 생각하는 실용주의적 태도가 강하게 작용하고 있다.

한국 기독교 종파의 다양한 모습도 종교적 신앙을 실용적으로 해석하는 정도의 차이에서 비롯된다고 볼 수 있다. 사회 참여를 중시하는 기독교인과 내면적인 신앙을 강조하는 기독교인 사이에는 차이가 있을 수밖에 없다. 같은 기독교인이라 하더라도 한편에서는 국가보안법을 철폐해야 한다고 주장하는 한편, 다른 이들은 폐지 반대를 주장하고 나선다. 양편 모두 자신의 주장이 바로 하느님이 원하시는 바라고 힘주어 강조한다. 하느님이 두 얼굴을 가진 게 아니라면 양편이 다른 하느님을 믿는 듯하다. 마치 정치 집단처럼 진보와 보수의 모습으로 갈라지는 듯한 하느님을 신학적으로 재단하는 일은 결코 쉽지 않다.

어떤 종교든 같은 종교를 가지고 있다는 것만으로 사회적 삶에 대한 일관적인 태도를 기대할 수는 없다. 앞서 말한 대로 진보적인 종교인들은 사회 참여를 주장하고, 보수적인 종교인들은 개인의 내면적인 신앙을 강조한다는 이분법적인 잣대는 21세기의 종교인들을 평가하기에 설득력이 없어 보인다. 사회참여나 내면적 신앙 모두가 종교인들에게는 포기할 수 없는 신앙의 지표일 뿐 아니라, 어느 한쪽의 지나친 강조는 늘 균형을 잃은 극단의 모습으로 치닫기 일쑤이다. 그러나 종교인 중에는 사회 정의의 구현과 종교적 진리의 실천을 하나의 열매로 보는 이들이 있는 반면, 종교를 가지지 않은 이들과는 구별되는 내면 세계의 뿌리가 없는 종교는 한낱 이데올로기나 사회운동에 불과하다고 믿는 이들이 있다. 열매를 강조하는 종교인들에게 뿌리에만 매달려 있는 종교인들의 신앙은 열매가 없어 죽은 것이고, 뿌리를 외치는 종교인들에게 열매에만 치중하는 종교인들의 신앙은 뿌리가 없어 죽은 것이다. 이들은 물고 물리는 이분법의 굴레 속에서 마치 다람쥐 쳇바퀴 돌 듯 공회전을 멈추지 않는다. 중요한 것은 신앙의 내면적 뿌리라고 강조하거나, 아니면 열매가 없는 나무는 죽은 나무라고 주장하면서 대립하는 종교인들은 뿌리나 열매가 모두 하나의 나무에서 기능하는 부분임을 망각하고 있을 뿐만 아니라, 좁은 시야로 인해 전체를 보지 못하는 오류를 범하고 있지 않나 하는 의구심을 갖게 한다.

이러한 종교인들의 갈래를 보고 있노라면, 과연 어떤 종교적 신앙이 바른 신앙의 모습일까 사뭇 궁금해진다. 종교적 신앙은 열매인가 아니면 뿌리인가? '이것 아니면 저것'이라는 이분법적 논리를 경계하는 철학자들은 이 두 가지 측면이 변증법적으로 연관되고 종합되어야 한다고 교통정리를 하고 싶을지도 모른다. 만약 종교적 신앙이 두 가지 측면의 변증법적 종합이라면 열매도 아니고 뿌리도 아닌 제3의 모습이 필요한 것은 아닐까? 인간의 내면과 사회적 삶에 주목하는 사회심리학의 종교 정향religious orientation 연구는 이러한 종교인의 정형화된 신학적 시각을 보다 기능적으로 파악하는 데 도움을 준다. 종교인들에게 단순히 보수인가 진보인가 하는 진부한 신학적 시각을 넘어서 보다 전체적인 시각과 성찰의 기회를 제공한다는 측면에서 사회심리학적 종교성 연구와 만나는 일은 보다 새롭고 의미 있는 재해석을 가능하게 할 것이다. 우선 종교와 사회심리학이 종교성의 갈래에 대한 해석에 있어 대화의 틀을 가지고 만날 수 있는 현장으로 가보자.

2. 종교성의 방향―두 갈래를 벗어날 수 있는가

심리학적인 연구 중에 종교성을 띠게 되는 대조적인 양상을 지적하고, 신앙의 양태를 구분하기 위한 심리학적인 시도가 있었다. 이는 주로 한 인간의 종교가 자기 자신의 내면적 삶을 향해 있는가, 아니면 사회적 삶을 향해 있는가를 기준으로 구분하는 사회심리학의 종교 정향 연구이다. 앞서 종교와 심리학의 밀월의 역사에서 밝힌 것처럼, 종교 정향 연구의 역사 역시 초창기 미국 사회심리학의 태동기에서부터 등장한다.

20세기에 본격적으로 시작된 심리학을 비롯해 사회학과 인류학 같은 제반 사회과학 사이의 학제 간 연구가 최초로 시작된 곳은 미국의 하버드 대학이었다. 1946년 '사회관계학과Social Relations Department'라는 상호 학문적인 학과가 하버드 대학에 신설된다. 이미 1896년에 사회학과가 개설되었지만 심리학과 인류학 등 인접 사회과학과의 긴밀한 상호 학문적인 접근을 시도하기 위해 수많은 인재가 사회관계학과로 모여든다. 그리고 후에 미국의 사회심리학, 사회학을 이끌어갈 유수한 학자들이 바로 이 학과에서 배출되었다.

하버드 대학에 사회관계학과가 생긴 후 처음 학과장을 맡은 학자는 1922년 하버드 대학에서 심리학 박사 학위를 받은 심리학자 고든 윌러드 올포트Gordon Willard Allport였다. 사회관계학과가 개설된 후 올포트는 한 개인이 사회 안에서 가지는 관계적 삶을 연구하는 사회심리학 연구를 본격화하고, 종교 정향이라는 개념을 처음 소개한다. 올포트는 1950년에 출간된 대표작《개인과 그의 종교The Individual and His Religion》에서, 근대 심리 치료, 프로이트 이후 정신분석학이나 심리학과에서 진행되는 다양한 연구와 이론을 수용하지만, 과거의 '종교의 정신병리학psychopathology of religion'과는 구별되는 정상적이고 성숙하며 생산적인 성격을 가진 이들의 종교심리학을 다뤄야 한다고 주장한다. 그는 이미 두 세대 전에 씌어진 윌리엄 제임스의《종교적 경험의 다양성》이라는 중

대한 저술이 자신의 연구에 기초를 제공했다고 인정하면서도, 제임스의 논지는 미성숙하고 신경증적인 혹은 극단적인 성격에 집중한 나머지, 다양한 인간 성격에 대한 현대적 이론의 접근을 차단하고 있음을 지적한다.[18]

결국 올포트는 종교성의 일반적인 양태가 인간의 태도와 연결되어 있다고 주장한다. 그는 종교성이 다르게 나타나는 이유를 인간의 상이한 내면적 기질이나 성격으로 보기보다는, 인간이 지향하는 내면적 삶이나 사회적 삶의 태도를 결정하는 방향의 문제로 파악하려고 하기 때문에 '성향'이 아니라 '정향'이라는 새로운 개념을 제시하고 있다. 올포트는 1967년에 종교성의 개인적인 정향을 측정하기 위해 '종교 정향 척도Religious Orientation Scale(ROS)'를 개발하기에 이른다.[19] 이 척도는 아래와 같이 20가지 질문으로 구성되어 있으며, 자신의 동의 정도(그렇다—그런 편이다—보통이다—그렇지 않은 편이다—그렇지 않다)에 따라 한 가지 답변을 선택하도록 되어 있다.

① 나는 신앙 관련 독서를 좋아한다.
② 친구를 사귀는 데 도움이 되므로 교회에 간다.
③ 무엇을 믿든지 착하게 살면 된다.
④ 다른 사람이 나를 어떻게 볼지 조심스러워서 말씀에 따라 행동하지 못하는 경우가 있다.
⑤ 개인적으로 기도하고 묵상하는 일은 내게 중요하다.
⑥ 나는 아래 중 (   )번에 해당하는 만큼 교회에 간다.

ㄱ. 일 년에 한 번 정도

ㄴ. 한두 달에 한 번 정도

ㄷ. 한 달에 두세 번 정도

ㄹ. 한 주에 한 번

ㅁ. 한 주에 한 번 이상

⑦ 나는 종종 하느님의 존재를 강하게 느낀다.

⑧ 나는 주로 평안과 보호를 위해 기도한다.

⑨ 나의 믿음에 합당한 삶을 살기 위해 열심히 노력한다.

⑩ 믿음에서 얻는 가장 큰 도움은 어려움이나 슬픔을 당했을 때 위로받는 것이다.

⑪ 신앙은 내 삶에 의미를 부여한다.

⑫ 교회 모임 중 성경 공부 모임보다는 친교 모임에 참여하고 싶다.

⑬ 기도를 하면 평안하고 행복하다.

⑭ 나는 신앙을 가졌지만 일상생활에 적용하지는 않는다.

⑮ 나는 주로 친구와 만나고 교제하기 위해 교회에 간다.

⑯ 나의 삶에 대한 태도나 생각은 신앙을 바탕으로 하고 있다.

⑰ 나는 주로 아는 사람들을 보고 만나기 위해 교회에 간다.

⑱ 나는 기도하라는 가르침을 받아왔기 때문에 기도한다.

⑲ 홀로 기도하는 것은 교회에서 다른 사람들과 함께 기도하는 것만큼 중요하다.

⑳ 내 삶에는 신앙보다 더욱 중요한 일들이 있다.

이 척도는 종교 정향을 두 가지 양상으로 구분하고 있다. 첫 번째는 종교를 내재적으로 판단하여 그것 자체를 목적으로 보는 경향성이다. 이를 '목적적 정향end orientation'이라고 부를 수 있다. 두 번째는 종교를 외재적으로 판단하는 태도로서 종교를 다른 목적을 위한 수단으로 보는 경향성이다. 이는 '수단적 정향means orientation'이라고 부를 수 있다. 올포트는 전자를 '내재적 정향intrinsic orientation'으로, 후자를 '외재적 정향extrinsic orientation'으로 개념화한다. 내재적 종교 정향을 가진 종교인들은 주로 내면화된 종교성을 가지고, 흔히 타인에게 독실한 종교인으로 평가 받는다. 이에 비해 외재적 종교 정향을 가진 이들은 비교적 제도화된 종교에 익숙하고, 종교를 통해 다양한 목적을 수행한다.

이러한 종교 정향 연구를 통한 사회심리학자들의 종교성에 대한 이분법적인 이해가 우리에게 암시하는 것은 무엇인가? 그리고 이것은 종교학자나 신학자가 종교적 신앙의 우열을 가리려는 시도와 어떠한 관계가 있는가? 흔히 우리는 크리스마스 때만 교회에 가는 기독교인이나 사월 초파일에만 사찰을 찾는 불교도를 종교성의 본질적인 모습과는 거리가 있는 '사이비' 종교인이라고 간주하려 한다. 이러한 종교적 구분은 1945년경부터 사회심리학자들에 의해 제시된 이분법적인 종교 정향 구분과 상당히 일치한다. 심리학적으로 내재적 종교인이란 종교 자체가 인생의 목적인 경우이고 외재적 종교인은 자기중심적 목적을 달성하기 위해 종교를 수단으로 이용하는 경우로 보기 때문에 이것에 따른다면, 전자는 진정한 종교인인 반면 후자는 바르지 못한 종교인이 될 수밖에 없다.

하지만 실제로는 종교인들에게서도 종교를 수단으로 이용하는 외재적 경향이 종종 발견된다는 점을 간과해서는 안 된다. 인류가 보여준 종교의 역사는 수많은 종교인들이 그들의 종교를 자민족중심주의의 수단으로 사용했음을 여실히 보여준다. 유대인 학살을 자행한 독일 민족도 종교를 명분으로 내세워 자민족중심주의를 숨겼다. 최근 팔레스타인 총선에서 강경 이슬람 단체가 제1당으로 부상하는 것 또한 1950~1960년대 아랍 지역을 풍미했던 아랍민족주의의 부활로 보는 견해가 지배적이다. 미국 주도에 의한 자본주의 도입이 지난 수십 년간 민중의 생활을 개선하기는커녕 오히려 악화시키는 상황에서 아랍 민중이 다시 이슬람이라는 종교에서 그 해결책을 찾고 있다는 것이다. 그리고 수많은 종교 지도자들이 이렇게 종교성을 수단으로 이용하는 횡포에 협조했다. 뿐만 아니라 어느 종교 집단에서든지 종교의 발달에는 내집단 구성원 간의 충성과 외집단에 대한 배척이 늘 동반되기 마련이다. 종교를 통해 내 편과 네 편이 나뉘고, 정통과 사이비가 구분된다. 또한 정통과 이단을 구분하고 이단을 정죄하는 것은 종교 집단 내부의 전통을 고수하는 일을 용이하게 한다. 그리고 배타적인 종교성은 집단의 질서와 보수적인 신념을 지키기 위해 자주 사용된다.

프로이트가 비판했던 종교성이 가지는 전이 현상이 바로 종교성이 수단적으로 사용되는 위험한 예라고 하겠다. 프로이트는 일찍이 사회적으로 부정하고 해로운 인간의 본능, 즉 인간의 폭력성 등을 신에게 전이하는 역사를 지적한다. 종교를 앞세워 전쟁을 일으킨 십자군 전쟁이 그 대표적 예다. 신이 명령한 거룩한 전쟁이라는 신념은 21세기인 지금까지도 미국과 이슬람 문화권 등지에서 여전히 그 기세를 맹렬히 떨치고 있다. 역설적이게도 이러한 이들이 그 누구보다도 종교 중심적이고, 종교로 매사를 해석하려 한다. 종교학자들은 이들을 '근본주의자fundamentalist'라고 부른다. 이들은 모든 행위의 근거를(심지어 전쟁을 일으키는 명분까지) 종교에 두는 내재적 정향을 드러내는 듯하지만, 이면으로는 자국의 이익을 위해, 혹은 정치적 주도권을 위해 종교를 수단으로 이용하려는 외재적 정향이 혼재해 있음을 놓쳐서는 안 된다.

  그렇다면 올포트가 제시한 종교 정향의 이분법적 구분은 어떻게 시작되었을까? 심리학적으로 올포트는 분명히 종교학자와는 다른 강조점을 가지고 종교적 신앙을 평가하고 있다. 그는 인간의 종교성이야말로 무엇보다 인간 행위의 동기가 형성되는 방향과 깊이 관련되어 있다고 보았다. 내재적 정향이나 외재적 정향이 기본적으로 종교적 행위 속에 내재하는 동기와 관련되어 있다는 그의 주장은 종교성의 우열을 가리려는 것이 아니다. 다만 외적으로 동기화된 개인은 종교를 수단적으로 이용하는 반면, 내적으로 동기화된 개인은 종교를 통해 산다는 인과성을 강조한 것이다. 그러나 혹자는 여전히 이러한 이분법적 구분에 의문을 가질 것이다. 종교 자체를 내적인 동기로 삼고 목적적으로 추구하는 것이 종교를 수단적으로 사용하는 것과 뚜렷하게 구분될 수 있을까? 순수하게 종교 자체를 목적으로 삼는 성인(聖人)이 존재한다고 가정한다면, 과연 어떻게 그 순수성을 객관적으로 진단하고 평가할 수 있는가?

올포트의 종교성 이해에 있어서 가장 중요한 점은 "동기의 기능적 자율성"[20]이다. 인간 행위의 동기는 인간의 기본적인 욕구에서 유래하지만, 높은 수준의 사회적 욕구나 가치는 순수하게 독립적인 동기를 유발한다. 인간은 왜 먹는가라는 문제를 살펴보자. 인간이 음식을 먹는 행위는 식욕에 기인한다. 먹고자 하는 욕구가 있어서 동기가 발생하고, 결국 손과 입을 움직여 먹게 된다. 그렇다면 인간은 왜 종교적이 되는가의 문제를 보자. 그 동기가 불안해서라든지, 혹은 축복이나 보상을 소망하기 때문에 종교적이 되는 것이라면 이것 역시 기본적인 욕구에 의한 것이다. 하지만 올포트는 성숙한 종교성은 기능적으로 자율적이 되는 것으로 본다. 종교 그 자체가 목적인 경우에는 그 동기가 기능적 자율성을 가지게 되는 것으로 상정한 것이다. 종교적 행위를 위한 동기가 기본적인 욕구에서 벗어나 순수해진다는 것은 결국 동기가 자율적으로 종교를 향해 가는 것이다. 여기서 올포트는 동기의 자율성이 있고 없고의 차이를 강조한 것이 아니다. 그는 성숙한 종교성을 위해 어떻게 기능적 자율성을 확보할 수 있는가 하는 과정에 심리학적으로 관심을 가진 것이다.

이러한 올포트의 종교 정향 연구는 후대 여러 사회심리학자들에 의해 수많은 실증적 연구에 사용되었다. 그런데 이러한 심리학적인 종교 정향 연구에서 그의 이분법적인 구분은 그의 의도와는 상관없이 종교학적 혹은 신학적인 편견을 초래하게 된다. 다시 말해 내재적 혹은 목적적 정향은 성숙한 종교성으로 높이 평가하고, 외재적 혹은 수단적 정향은 아무래도 비성숙한 종교성으로 폄하하게 된 것이다. 그러나 종교 자체를 목적으로 하는 내재적 정향을 가진 이들을 무조건 성숙한 종교인으로 정의하는 것은 결코 신학적으로 건전한 일이 아니다. 오히려 내재적 정향을 가진 이들의 종교성은 강박이나 독단으로 변질되기 쉽다. 지하철에서 공중도덕을 해치면서까지 자신의 종교의 교리를 외치는 이는 그야말로 종교가 그의 삶의 '전부'인 목적적 정향을 가진 이처럼 보인다. 그러나 다른 사람의 눈에 그의 종교성은 성숙하다기보다 독단으로 비치기 십상이다. 그리고 종교 정향 척도에서 내재적 정향의 수치가 높은 이들은 자신의 일상생활의 모든 일을 종교와 관련지으려고 노력하고, 어쩔 수 없는 경우를 제외하면 꼭 예배에 참석한다는 점을 힘주어 강조하기 마련이다.

그런데 무의식을 넘겨다보는 정신분석에 일가견이 있는 이들은 이 대목에서 갸우뚱하게 된다. 어쩔 수 없는 경우를 제외하면 꼭 예배에 참석하는 종교인이라? 왜 그럴까? 물론 종교적 의례나 예배에서 참된 의미를 찾는 종교인과 예배의 내용보다 형식에 강박적으로 묶여 있는 종교인을 구분하는 일은 결코 쉽지 않다. 그러나 하늘이 무너져도 예배만은 참석한다는 내재적 정향의 종교인이야말로 프로이트의 주장처럼 신의 처벌에 대한 불안과 공포를 해소하려는 목적에서 종교를 수단적으로 사용한 것이 아닐까?

이렇듯 올포트가 제시한 종교 정향을 바탕으로 종교성의 참과 거짓을 구별 지으려는 이분법적 구분은 타당하지 않다. 내재적 정향을 가진 이들이 독단적인 종교성을 보여주기 쉽다는 이유로, 혹자는 내재적 정향이야말로 자기중심적인 나쁜 종교성이라고 할지도 모른다. 결과만으로 판단한다면 그리 부당한 평가도 아니다. 그러나 이론적으로 동기를 내면화하는 내재적 정향의 특징을 자신밖에 모르는 자기중심적 태도와 동일한 것으로 보아서는 안 된다. 내재적 정향의 사람에게는 종교 자체가 모든 행위의 동기를 부여할 뿐, 종교를 빌미로 자기 자신만을 인생의 목적으로 삼는 것과는 다르다.

많은 종교인들이 종교 그 자체가 목적이 아니라 수단이 되는 외재적 정향은 결코 바람직하지 않다고들 말한다. 과연 그럴까? 1997년에 한국갤럽에서 조사한 한국의 종교인들이 신앙생활을 하는 이유를 살펴보자. 이 조사에 따르면 개신교 기독교인들의 경우 47.1%가 구원과 영생을 얻기 위해 종교생활을 한다고 대답했고, 38.2%는 마음의 평안을 위해서라고 응답했다. 2004년에 이뤄진 동일한 조사에 따르면 영생을 얻기 위해서라는 응답은 25%로 줄었고, 마음의 평안을 위해서라는 응답은 55.5%로 증가했다. 1997년 천주교도들의 경우에는 64.4%의 응답자가 건강, 재물, 축복을 받기 위해 종교생활을 한다고 말했고, 구원과 영생을 위해서라는 대답은 27.9% 정도였다. 그리고 불교 신자의 경우에는 반수가 훨씬 넘는 73% 정도의 응답자가 마음의 평안을 위해 종교생활을 한다고 대답했고, 건강이나 재물, 축복을 받기 위해서라는 대답은 16.7%였다. 2004년의 조사에서는 불교와 천주교의 경우 마음의 평안을 얻기 위해서라는 응답이 각각 71.3%와 72.9%로 월등히 높았고, 죽은 다음의 영원한 삶을 위해서라는 응답은 각각 0.2% 와 4.7%에 그쳤다.[21] 이 통계로 판단한다면, 대부분의 한국의 종교인은 종교 그 자체가 목적이 아니라 종교를 통해 평안하고 건강한, 축복된 삶을 추구하는 다소 외재적인 정향이라고 볼 수 있다. 종교가 다른 목적의 수단이 되는 외재적 정향에 단호하게 낙제 점수를 주려 한다면, 우리 종교인들의 종교성 역시 후한 점수를 받기는 어려울 것이다.

내재적 정향이 보다 바른 종교성이요, 외재적 정향은 열등한 종교성이라는 이분법이 문제이다. 이러한 정향 간의 우열 문제는 종교인들 사이에 또 다른 분열만 공고히 할 뿐이다. 흔히 볼 수 있는 또 다른 이분법은 내면적이고 개인적인 신앙을 강조하는 보수적인 종교인은 내재적이고, 사회 개혁을 외치는 진보적인 종교인은 외재적이라는 이분법이다. 그러나 이 또한 타당치 않다. 왜냐하면 보수적인 종교 집단에서 오히려 전통을 고수하고 권위를 유지하기 위해 종교를 이용하는 외재적인 측면이 나타나기도 하기 때문이다. 그러므로 보수와 진보의 구분에 따라 내재적 종교인과 외재적 종교인을 구분한다는 것 역시 온당치 않다. 그렇다면 종교 정향 연구에서 사회심리학과 종교의 만남은 우리에게 어떤 의미를 주는가?

3. 제3의 방향—진보와 보수, 참과 거짓을 넘어서

올포트가 주장한 종교 정향 연구에서 참된 종교성과 그렇

지 않은 종교성을 구분하려는 종교적인 견해와, 내재적 정향
과 외재적 정향을 나누는 심리학은 충돌하지 않고 서로 대화
할 수 있는 개념이었다. 그리하여 많은 연구자가 종교 정향 연
구로 종교성의 진정성에 대해 보다 상호 학문적인(종교학적이
면서도 심리학적인) 척도 개발에 매진할 수 있었다. 그러나 앞서
설명한 바대로 내재적 정향과 외재적 정향을 옳고 그름 혹은
보수와 진보로 나누는 견해가 대두되면서 원래의 심리학적 이
분법과 어긋나기 시작한다.

올포트는 모든 종교인이 내재적 정향과 외재적 정향의 양극
사이의 일정 지점에 놓인다고 보았다. 이 두 정향은 따로 떨어
져 있는 두 개의 점이 아니라, 하나의 직선 위에 놓인 한 기준
점을 사이에 둔 양 진영이다. 이러한 관점에서는 한 종교인이
두 개의 정향 중 어느 하나의 정향만을 획일적으로 가진다고
볼 수 없다. 모든 종교인은 내재적인 정향과 외재적 정향을 더
불어 가지고 있으나, 어느 한편으로 기울어진 태도와 경향성
을 견지하는 것이다.

그러나 두 정향이 연속선상에 놓여 있다고 해도, 그 정향이 가
지고 있는 긍정적이거나 부정적인 함의를 부정할 수는 없다.
올포트의 초기 주장을 살펴보면 내재적 정향은 긍정적이고 외
재적 정향은 부정적이라는 의미가 분명히 제시된다. 이러한 이
분법적인 의미 구별은 후대 학자들에 의해 비판받기 시작한다.
특히 내재적 종교 정향은 결코 이상적인 종교성이 될 수 없다.
자칫 잘못하면 맹목적인 교리의 신봉자가 되거나, 질문이나 의
심을 봉쇄하는 꽉 막힌 사람이 될 수 있다는 것이다. 이에 제3

의 차원의 새로운 종교적 태도가 등장하기에 이른다.

최근 대니얼 베이트슨C. Daniel Bateson과 윌리엄 벤티스William Ventis와 같은 학자들에 의해 제시된 제3의 종교 정향 척도는 바로 내재적이고 외재적인 종교 정향에서 종교적 태도의 세 가지 특성이 제외되었다는 점을 부각시킨다.[22] 첫 번째는 종교의 '복잡성'을 통합하는 특성이다. 종교는 하나의 해답만을 가지고 있는 문제가 아니다. 종교는 늘 복잡한 가능성과 역설을 담지한 열린 체계이다. 그러므로 종교인에게는 복잡한 문제를 조합하고 해결하려는 통합적인 측면이 필요하다.

두 번째는 내재적 혹은 외재적 정향에서 드러나지 않는 '의심'의 태도이다. 종교란 무조건 믿고 확신함으로써 어떤 의심도 봉쇄하는 체계인가? 종교에 귀의한 종교인이라 해도 최소한 자기비판의 태도가 필요한 것이 아닌가? 이렇듯 전통과 제도에 갇혀 세대와 세대를 거쳐 전수되어온 종교적 해답에 대해서도 의심할 수 있는 자세만이 수천 년 묵은 종교가 스스로 변화하고 개혁하여 현재에도 살아 움직일 수 있는 기틀을 마련한다.

세 번째는 종교의 '임시성'에 대한 태도이다. 종교의 임시성이란 종교를 이미 완성된 완료형이 아니라 진행형으로 보는 관점이다. 인류 문화와 학문 발전의 시작은 모든 문제의 해답이 오직 하나라는 사실을 포기할 때 여명처럼 찾아오는 가능성의 섬광이었다. 오늘도 변화와 발전을 도모하는 인류의 선각자들은 미완성을 두려워하지 않는다. 학문의 대가들은 임시성을 현실로 받아들이고 문제를 계속 탐구한다. 종교의 세계도 크게 다르지 않다. 종교를 현실생활에서 실천하고 새롭게 하는 문제에는 종교의 확실성 못지않게 임시성에 대한 보다 겸허한 자세가 필요하다.

이처럼 내재적 혹은 외재적 특성과 상이한 방향으로 전개되는 태도를 후대 학자들은 '추구 정향quest orientation'이라고 한다. 종교인은 실존적인 문제에 대해 폐쇄적으로 접근하기보다는 보다 개방적이고 다양한 가능성에 대해 상호 작용적인 대화를 추구한다는 것이다. 이러한 연유로 학자들은 추구 정향을 '상호 작용적 정향interactional orientation'이라고 특징 짓는다. 이것에 비추어볼 때 추구 정향을 나타내는 이들이 정의하는 종교가 보다 올바른 모습이라고 주장하는 것처럼 보일수도 있다. 그러나 베이트슨과 벤티스는 목적적 정향의 가치를 쉽사리 지나치는 정향 비교를 경고하고 아울러 종교에 대한 수단적 정향이 바람직하다고 믿을 이유는 거의 없는 반면, 내재적이고 목적적인 정향이나 추구 정향은 우리가 때때로 필요로 하는 태도임을 주지시킨다. 물론 어느 누구라도 모호하지 않고 명료하게 하나의 정향만을 나타내는 경우는 결코 없다.

그렇다면 베이트슨과 벤티스에 의해 열린 새로운 종교 정향 연구는 어떤 해석학적 의미를 지니는가? 그들이 시도한 사회 심리학과 종교의 만남은 **통합**을 향해 좀 더 나아가 있다. 종교에 대한 사회심리학적 관점이야말로 인간이 종교적이 되는 과정을 잘 보여준다. 종교에 관심은 있지만 종교의 복잡성에 무관심한 이들은 결코 종교적 경험을 이해하지 못하기 때문이다. 이는 좋은 소식이기도 하고 나쁜 소식이기도 하다. 종교를 닫힌 체계로 보고 자신을 외부 세계로부터 차단하는 이들의 천국이, 종교를 열린 체계로 보고 비판적으로 상호 작용하는 이들에게는 지옥처럼 보일 수 있다.

4. 종교의 정통과 심리학의 정향 사이

종교를 그저 하나의 단일하고 통일적인 변수로 보아서는 종교가 사회적 삶에서 실존적으로 적용되고 실천될 때 발생하는 복잡성의 문제를 해결할 수 없다. 종교 정향 연구가 주는 시사점은 바로 여기에 있다. 종교 정향 연구는 종교가 한 개인이 가지고 있는 동기의 방향에 따라, 그리고 사회적 삶 안에서 상호 작용하는 동기에 따라 어떻게 다르게 전개되는지를 보여준다. 다시 말해 종교성이 개인마다 다른 양상을 지니는 이유를 보다 사회과학적으로 설명하고자 했던 것이다. 노래(종교)가 가수(종교인)의 태도에 따라 어떻게 다르게 불리는지에 대해 보다 구체적으로 접근한 연구라고 할 수 있다.

종교성의 상이한 양상 중에서 정통을 가려내는 신학적인 작업은 사실 사회심리학의 몫이 아니다. 정통 시비에 관심이 있는 신학자는 노래를 부르는 이들과는 관계없이 노래 그 자체의 순수성을 논하려 하기 때문이다. 사회심리학자들의 종교성 연구에 있어 주목해야 할 것은 종교인과 사회성의 상관관계를 토대로 종교성을 분석하고자 한 시도이다. 예를 들면 '종교 정향은 인종적 편견과 어떤 상관관계가 있는가' 하는 것이다. 1960년대의 많은 학자들은 외재적 종교 정향을 반유대주의 혹은 흑인에 대한 차별의식이나 편견과 연관하여 연구했다. 그 이후에도 많은 사회심리학자들은 종교인이 비종교인보다 훨씬 더 많은 편견을 가지고 있다는 실증적인 증거를 제시하고 있다.[23] 또한 사회심리학자들의 연구에서 종교인이 비종교인보다 훨씬 더 교조주의적인 것도 주지의 사실이다. 이러한 사회심리학자들의 연구에 종교인을 훈계하려는 의도는 없다. 그저 개인의 종교성과 사회성의 연관관계를 현상학적으로 나타내 보일 뿐이다. 그런데 종교심리학자이면서 신학자인 나 자신에게는 이들의 연구가 상당히 무게 있고 따끔한 설교처럼 들린다.

아무래도 종교는 '참과 거짓' 혹은 '정통과 사이비'를 구별하는 것을 일차적인 척도로 삼는 교조주의dogmatism의 특성을 갖는다. 초기의 종교 정향 연구는 종교를 자신의 유익을 위해 이용하려는 경향 때문에 외재적 정향이 권위주의나 교조주의와 깊은 관련이 있음을 실증적으로 연구했다. 이때의 연구자들은 외재적 종교 정향을 가진 이들에 비해 내재적 종교 정향을 가진 이들이 교조주의와는 비교적 무관하다는 관점을 제시했으나, 최근의 연구자들은 새로운 견해를 제시하고 있다. "나의 모든 생활 태도는 전적으로 종교적 신념에 기초하고 있다"고 주장하는 내재적 정향의 종교인들이 과연 얼마나 비(非)교조적일 수 있는가? 그들은 또한 "나의 종교는 내 삶의 의미에 대한 모든 의문을 해결해준다"고 말한다. 과연 의문을 배제한 해결 위주의 삶이 얼마나 지속될 수 있을까?

종교 정향의 유형은 종교가 가지고 있는 참과 거짓 혹은 정통과 사이비라는 이분법적 틀에 매여 있지 않다. 예를 들면 연구자들은 참된 종교성으로 보이는 내재적 정향에서도 그 배후에 감추어진 여러 특징을 말한다. 종교에 대한 절대적인 신뢰와 확신을 바탕으로 한 내재적 정향은 자칫 잘못하면 '자기기만'의 길로 들어서기 십상이다. 해결되지 않은 것을 '기도'로다 해결된 척하기도 하고, 의심스러운 것을 100% 신뢰하게 되었다고 타인에게 간증하기도 한다. 내재적 정향의 수치가 높은 사람일수록 남에게 보이는 자신의 모습을 관리하는 데 지나치게 노력한다. 한번 독실한 종교인의 반열에 든 사람은 그 명성을 유지하는 데 또 다른 부담을 갖게 되고, 보다 일방적이고 맹목적인 태도를 견지하는 것이 당연시된다. 종교 단체는 헌금 기부자의 이름이나 액수를 외부에 공개함으로써 기부하는 종교인이라는 이미지를 효과적으로 관리한다. 그리고 그중에는 감사에 넘쳐 헌금하는 기쁨이 중요한 것이 아니라, 종교적으로 보이기 위해 자신의 이미지를 관리하기 위해서, 또는 사회적 체면에 합당한 할당 책임량을 수행하기 위한 것일 때가 적지 않다. 종교 그 자체를 목적으로 한다는 내재적 정향이 순식간에 종교를 자신을 드러내는 수단으로 바꿔버리는 일은 실로 비일비재하다. 결국 정향은 '이것이냐 아니면 저것이냐'의 문제가 아니라, 매사에 얼마만큼 내가 종교 자체에 목적을 두는 기능적 자율성을 확보하느냐 하는 '정도'의 문제이고, 정향과 정향 사이를 오가는 균형의 문제다.

따라서 우리에게는 다소 모호한 내재적 정향과 외재적 정향에 대한 이분법적 사고에서 벗어나 균형을 향해 나아가는 태도가 필요하다. 종교인이 자신의 종교에 대해 목적적 정향을 취해 어떤 질문이나 의심, 가능성도 염두에 두지 않는다면 그에게 필요한 것은 무엇보다 추구적 정향이다. 참과 거짓 혹은 정통과 사이비라는 두 척도로 모든 실존적인 문제를 재단하려는 종교적 시도는 어쩌면 결코 만날 수 없는 강 사이의 공허한 메아리에 지나지 않는지도 모른다.

누가 뭐래도 종교인의 과제는 종교 자체의 목적을 이루기 위해 실천하는 것이다. 물론 이것은 말처럼 쉽지 않다. 이에 종교 그 자체의 목적이 '기능적으로' 자율적이 되는 과정에 강조점을 둔 올포트는 종교 정향이라는 척도를 우리에게 제시했다. 종교 그 자체의 목적이 '내용적으로' 무엇인지를 알아내는 것은 종교학자들의 연구 영역이다. 다시 말해 기독교의 구원이나 불교의 해탈이 무엇인지 그 내용을 밝히는 것은 심리학자들의 영역 밖에 있다. 그러나 그 내용이 한 개인의 실존적이고 사회적인 문제에 있어서 어떻게 기능할 수 있을지에 대한 노력은 분명히 종교와 심리학이 **통합적으로** 만나 진행해야할 문제이다. 예를 들어 사회 변혁과 사회 정의를 외치는 종교인들의 종교성을 두고 목적적인가, 수단적인가를 논한다고 하자. 이때 종교계에서 흔히 하는 정통/사이비 논리 대신 종교적 정향의 특성을 고려하여 살펴보자는 것이다. 정향은 둘 중의 하나가 아닌 '둘 다'의 관점이다. 종교가 종교 그 자체의 목적을 간과한 채 종교인이 속한 단체가 추구하는 이데올로기적인 변혁을 위한 수단으로 전락한다면 이는 분명 외재적 정향이

짙다. 그래서 보수적인 신앙을 가진 이들은 여러 다른 종교의 사회 참여적 종교인이 각 종교의 차이를 뛰어넘어 하나의 사회적 목적을 위해 연대하는 것을 경계한다. 그런데 여기서 중요한 것은 종교인 스스로 사회 참여를 수단적 행위로 보지 않고, 종교의 사회적 기능이 종교의 목적이라는 문제의식을 가지고 실존적인 문제에 얼마나 자기 비판적으로 대처하는가 하는 통합적인 태도이다.

종교와 사회심리학이 **통합**을 위해 만날 때 가장 중요한 문제는 종교성의 내재성과 외재성 사이에서 균형을 모색하는 개인의 노력이다. 미완성과 불확실성을 거부하거나 두려워하지 않고 문제를 추구하려는 열린 태도가 갖춰지지 않는다면 조율도 통합도 없다. 균형 잡힌 소리를 내는 종교는 질문에 답하려는 태도보다 또다시 반문하는 태도에 더 관대하다. 그래서 균형을 추구하는 종교인은 보다 종교적이 되기 위해 진지하게 의심한다. 나의 종교적 노력이 혹시나 종교를 하나의 수단으로 삼아 나 자신의 목적이나 단체의 목적을 구현하려는 것은 아닌가, 종교 그 자체의 목적은 과연 무엇인가 하고 말이다. 그리고 어쩌면 종교의 복잡성과 임시성을 인식하고, 끝없이 의심하고 시험하며 질문을 던지는 사회심리학이 제시하는 추구 정향이야말로 어쩌면 균형을 꿈꾸는 가능성의 세계로 우리를 인도할 종교적인 길잡이는 아닐는지….

제 4 장 ──────────── 종교인,
왜
폭도로
둔갑하는가

어느 나라에서든 유사 종교 집단의 광신적 행태가 신도 살해나 집단 자살로 이어지는 참사가 종종 일어난다. 국내에서 발생한 대표적인 사례로는 지난 1987년 사이비 종교 단체 지도자 박 모(당시 48세, 여) 씨가 자신이 경영하던 주식회사 오대양의 용인 공장 구내식당 천장에서 신도 31명과 함께 집단 자살한 오대양 사건을 들 수 있다. 1992년에는 영생교 신도들의 잇따른 실종으로 가족들이 실종자 대책협의회를 구성, 신도 17명이 교주의 비리를 폭로하거나 영생교를 탈퇴하려다 교주의 측근에게 모두 살해당해 암매장됐을 가능성이 높다고 주장하고 나서 사회 문제가 되었고, 결국 한 영생교 간부의 자백으로 10여 년간 묻혔던 진실이 드러나 2004년에는 신도 6명 살해에 직접 가담한 혐의로 구속 기소된 한 영생교 간부가 사형을 선고받았다. 일본에서는 1995년 3월 옴진리교[교주 아사하라 쇼코(麻原彰晃)] 신도들이 도쿄 지하철에 독가스 사린을 살포, 12명이 숨지고 5,500여 명이 부상당하는 사건이 일어났다. 그리고 1994년 10월에는 스위스 서부와 남부의 농촌 마을 두 곳과 캐나다 몬트리올에서 종말론을 신봉하는 사교(邪敎) 집단 '태양의 사원' 신도 50명이 집회 도중 불을 질러 집단 자살하는 사건이 있었고, 미국의 사교 집단 '천국의 문' 신도 39명은 1997년 3월 캘리포니아주 랜초 산타페의 한 호화 주택에 모여 독극물을 마시고 집단으로 목숨을 끊었다. 종교와 폭력은 가장 거리가 먼 단어 같지만 이런 사건을 접할 때면 꼭 그렇지만은 않은 듯하다.

인류 최초의 종교는 토템 종교였다. 원시 시대의 인류는 곰이나 독수리 같은 토템을 신처럼 섬겼다. 실제로 토템 종교의 흔적은 세계 도처에서 발견되고 있는데, 프로이트는 이 사실에서 보편적인 인간의 심리가 작용한 종교의 기원을 추적한다. 이것이 그의 무의식의 심리학의 발판이 된 것을 아는 이는 많지 않다. 최초의 원시 부족에서 족장인 아버지와 많은 배다른 아들 사이의 애증 관계 그리고 아버지 살해에 대한 시나리오는 유명한 오이디푸스 콤플렉스를 만들어낸다. 인간 내면에 있는 아버지와의 끊이지 않는 애증의 관계가 토템이라는 동물을 상정하도록 했고, 후에 이러한 토템의 역할을 하는 신의 개념이 만들어졌다고 본 것이다. 이러한 신의 심리적 기원에 대한 정신분석학적인 연구는 신에 대한 죄책감이나 공포, 불안을 지닌 종교인들의 심리를 들여다볼 수 있는 발견적인 의미를 가진다.

사이비 종교에 몸담은 맹신도가 폭력을 행사하고, 극단적인 경우 스스로를 해치면서 집단 자살하는 사건, 혹은 전쟁을 신이 명령한 성전(聖戰)이라고 선언하는 것 등은 종교인들의 억압된 불안 심리가 얼마나 무서운 결과를 낳을 수 있는지를 보여주는 실례이다. 또한 몇몇 종교 지도자가 신도들에게 성적인 폭력을 저질렀다는 보도 역시 비종교인에게는 종교 그 자체에 대해 기겁하게 만드는 충격을 준다. 이런 경우 아쉽게도 종교라는 노래가 폭력을 휘두르는 비뚤어진 가수를 만나 빛도 보지 못하고 매장되는 일이 종종 벌어진다. 이런 연유로 정신분석학에서 종교를 허구라고 부정하는 일면만 볼 것이 아니라, 종교인이 갖는 심리적 억압을 찾아내고 이를 해체시키고자 하는 정신분석의 기능을 눈여겨 살펴보자는 것이다. 정신분석학은 종교적 경험을 인간이 인지할 수 있는 차원의 경험이라고 여기는 데에 매서운 의심의 눈초리를 보낸다. 특히 종교인이 보여주는 폭력의 배후에는 쉽게 드러나지 않는 무의식의 무거운 그림자가 드리워져 있다고 보기 때문이다.

1. 종교성, 인지 구조인가 정서 경험인가

앞서 기술한 심리학과 종교의 숨겨진 관계사에서 드러난 대로 심리학의 가장 오래된 연구 주제는 바로 인간의 '종교적 경험'이었다. 특히 윌리엄 제임스는 《종교적 경험의 다양성》에서 종교적 경험을 인간의 '인지 구조'와 연관 지어 설명했다. 그는 회심과 같은 종교적 경험의 과정이 인간의 창의성이 발현되는 과정과 유사한 인지 구조를 지니고 있다고 주장했다. 인간의 인지 구조는 간단한 셈만 하다가 고등 수학을 하게 되는 것처럼 분화와 통합을 통해 위계적으로 발달한다. 2차원적 사고가 3차원적 사고로 전환되고, 분화와 통합을 통해 삼단 논법이 가능해진다. 수학적 사고로 경제에 대한 해답을 얻기도 하고, 논리적 사고로 삶의 문제를 해결하기도 한다. 이전에 생각할 수 없던 것을 생각할 수 있게 되는 것을 인간의 창의성이라고 한다면 이는 곧 인지 구조의 개선을 뜻한다.

이런 맥락에서 제임스의 결론은 다음과 같이 설명할 수 있다. 인간의 종교적 경험은 인간의 '머리'에서 시작된다. 현실은 인간의 마음이 아니라 뇌 안에서 구조화된다. 그러므로 인간이 구성하는 현실은 외부에 존재하는 현상학적인 현실과 별개로 인간의 인지적 구조에 근거한다.

그러나 일반적으로 종교에 귀의하는 종교인들이 처음 가지게 되는 회심의 경험에서 나타나는 경험은 조금 다른 양상을 보여준다. 그들에게 종교적 경험은 머리가 아닌 '가슴'에서 비롯될 때가 종종 있다. 갑자기 가슴이 뜨거워지는 느낌을 종교적 경험의 시초라고 고백하는 종교인을 주위에서 쉽사리 만날 수 있다. 그런데 초기 심리학자들은 이러한 종교적 경험에서 나타나는 '정서적 경험'을 가볍게 여겨왔다.

이후 1900년대 초부터는 종교적 경험은 정서적 경험과 아주 밀접한 관계가 있다고 보는 학자들이 생겨났다. 바로 정신분석학자들이다. 앞서 설명한 바처럼 대부분의 사람들은 프로이트를 종교와 충돌하는 심리적인 해석을 감행한 종교인의 적으로 여기지만, 초창기 프로이트가 시도한 인간 '무의식'에 대한 탐구는 인간의 종교적 경험에 대한 탐구와 깊이 관련되어 있었다.

제임스의 관점처럼 인간의 종교가 머리에서 시작된다고 상정해보자. 덧셈만 하다가 인지 구조의 변화로 곱셈을 할 수 있게 되듯이, 부모나 형제 등의 구체적 존재만을 인식하다가 인간 이외의 신이라는 존재에 대한 인식이 가능해진다. 이러한 종교적 경험의 원인과 결과를 바로 인간의 인지 구조의 변화로 보는 관점은 종교 교육의 인지적 측면을 강조한다. 따라서 어떤 종교이든 경전을 익히고 암송하고 주석(註釋)하는 인지적 작업은 종교적 경험을 위한 귀중한 전초 작업이다.

그러나 프로이트는 인간의 의식 배후에 있는 종교성 형성의 무의식적 동기에 깊은 관심을 가진다. 인류 최초의 종교인 토템 종교의 기원을 인류학적 상상력을 동원하여 재구성한 그는 최초의 종교적 상징인 토템이 인간의 정서적 경험에 의해 만들어졌음을 밝히고자 한다.[24] 프로이트의 토템에 대한 설명을 보다 자세히 살펴보자. 어느 원시 부족에나 거대한 곰 토템 혹은 날카로운 부리를 가진 독수리 토템 등이 마을 입구에 버티고 있다. 원래는 마을을 지켜주는 신이었으나 난폭하게 변한 마을의 수호신을 위해 사람들은 주기적으로 희생제를 지낸다. 이렇듯 원시 시대에는 동물을 신으로 섬겼다. 여기까지는 토템에 대한 '인지적' 설명이다.

프로이트의 의문점은 토템 종교의 흔적이 전 세계에서 발견된다는 것이다. 경전이 있는 고등 종교에 대한 인지적 접근은 얼마든지 가능하다. 경전을 읽고, 종교의 내용을 후대 사람들이 이해하면 된다. 그러나 그 옛날 인터넷도 없던 시절에 세계 각 곳의 원시 부족들은 어떻게 이와 같이 유사한 종교 구조를 가지게 되었을까? 누가 최초로 동물을 토템으로 섬기고, 때에 따라 희생제를 드리라는 인지적 주문을 한 것일까?

프로이트는 세계 곳곳에 토템 종교가 발생하게 된 이유를 인간의 보편적인 심리에서 찾는다. 좀 더 상세히 설명하자면 인간의 무의식이 낳은 죄책감과 그리움이 얽힌 '양가감정ambivalent emotion'이 보편적으로 작용했다는 것이다. 그의 시나리오에 따르면, 어느 원시 부족이든 부족장에게는 수많은 아내와 아들이 있었고, 아들들은 아버지의 권위와 힘에 늘 복종해야 하는 구조였다. 아버지에 대한 불만이 쌓일 대로 쌓인 아들들은 실로 엄청난 모의를 한다. 단체로 아버지를 살해하고, 그 시체를 나누어 먹는다. 아버지의 권위와 힘의 동일시를 시도한 것이다. 하지만 그렇다고 아버지의 권위가 아들들에게서 되살아나는 것은 아니다. 그들은 아버지를 죽인 죄책감에 괴로워함과 동시에 아버지의 절대 권력과 힘을 그리워한다. 이러한 양가감정 속에서 생겨난 것이 토템이다. 아버지를 대신할 그 무엇이 필요했던 것이다. 프로이트가 주장하는 최초의 종교적 상징인 토템의 기원은 '살해한 조상'의 표상이다. 그리고 정기적으로 그 토템으로 상징되는 동물을 다시 희생시키는 의식을 통해 그들은 축적된 죄책감과 절대 권력에 대한 그리움이라는 감정의 여과물을 비워내고자 한 것이다.

프로이트는 양가감정이 어느 종교인에게든 보편적으로 나타나는 정서라고 주장한다. 그에 따르면 무의식 속에 남은 살해한 조상의 이미지가 이상화되어 신으로 변모하며, 현대인에게도 무의식 속에 '살인의 추억'이 남아 있다는 것이다. 이러한 프로이트의 해석을 종교인들은 어떻게 받아들이는가? 모든 종교의 기원이 이러한 양가감정의 산물이라면 기겁할지도 모른다. 하지만 프로이트를 통해 종교인이 신에게 가지는 정서적 경험에 보다 솔직하게 접근할 수 있게 될 것만은 분명하다. 사랑하는 이에 대한 두 가지 감정의 공존이 가능하다는 사실은 절대자에 대한 종교인의 감정에도 동일하게 적용될 수 있음을 암시한다. 프로이트가 재구성한 토템 종교의 기원에 대해서는 콧방귀를 뀔 수 있어도, 종교인이 가지는 정서적 경험에 대한 분석에는 반드시 귀를 기울일 필요가 있다. 머리로는 신의 절대적 사랑을 찬양하지만 종교인들의 가슴 깊은 한 곳에는 신의 처벌을 두려워하는 공포심이 도사리고 있을지도 모르기 때문이다. 종교인들에게 프로이트의 심리학에서 해석되는 종교와 심리학의 만남을 그저 충돌의 관계로만 보지 말자고 주장하는 이유가 여기에 있다.

2. 정서적 경험을 눈여겨보아야 할 이유

종교의 기원을 인간의 정서적 경험, 즉 죄책감이나 존재에 대한 불안감 등으로 분석하고자 하는 심리학적인 시도는 정신분석학에서만 예외적으로 제시되었을 뿐, 심리학의 역사에서는 그 예를 좀처럼 찾기 어렵다. 앞서 언급한 대로, 1930년대부터 1950년대에 이르기까지 발전한 행동주의 심리학에서는 인간 내면의 의식은 배제하고 관찰이 가능한 행위에만 집중하는 연구가 주를 이루었고, 1960년대 이후 등장한 인본주의 심리학에서도 프로이트의 무의식적인 죄의식에 대항하여 인간의 의식적인 노력의 중요성과 잠재력 계발에 더 큰 관심을 보였다.

프로이트가 주장한 인간의 이중적 정서 경험에 대한 부정적인 이해 때문에 인간의 종교적인 감정에 대한 심리학적 연구가 힘을 잃은 것은 사실이지만, '감정' 그 자체에 대한 정신분석적 연구는 지속되었다. 인간의 인격 발달 연구로 유명한 미국의 심리학자 에릭 에릭슨Erik H. Erikson은 독일 태생으로 20대 중반에 프로이트의 막내딸이자 아동정신분석학자인 안나 프로이트Anna Freud와 함께 연구하면서 프로이트의 이론에서 많은 영향을 받았다. 출생 직후 아버지를 잃고, 세 살부터 유대인 계부 밑에서 자란 에릭슨은 젊은 시절 자신의 자아 정체성 문제로 늘 고민했다. 히틀러의 반(反)유대 정책 때문에 미국으로 귀화한 그는 다른 문화권에 대해서 깊은 관심을 가지면서 인간의 인격 발달을 연구하기 시작했다. 이후 그는 인간의 자아 발달 단계가 보편적으로 8단계를 거친다는 이론을 세운다. 특히 종교개혁가 마르틴 루터Martin Luther의 자아 발달 과정을 연구한 저서《청년 루터Young Man Luther》에서는 역사적 자료를 꿰뚫는 그의 정신분석학적 통찰을 엿볼 수 있다.[25]

에릭슨은 프로이트가 제시한 인간의 정서적 경험을 이론의 뼈대로 삼고 있다. 예를 들면 인생의 8가지 단계에는 각 단계에 따라 심리적·사회적 위기가 나타나고 발달 과제가 주어진다고 본다. 이 단계적 발달에서 개인의 성격은 그 위기를 어떻게 해결하는지에 따라 상이하게 형성되어가는데, 이때 각 발달 단계에서 정서적 경험은 중요한 척도가 된다. 예를 들어 영아기인 1단계(0~1세)에서 갓난아이는 보호자인 부모와의 관계에서 '신뢰감 대 불신감' 중 하나를 경험하게 된다. 영아가

처음 가지는 이 정서적 경험은 후에 그가 세상을 신뢰의 태도로 보느냐 아니면 불신의 태도로 보느냐에 지대한 영향을 미친다. 2단계(유아기)의 '자율성 대 회의감', 3단계(유치기)의 '주도성 대 죄책감', 4단계(아동기)의 '근면성 대 열등감', 5단계(청소년기)의 '정체성 대 정체성 혼미', 6단계(청년기)의 '친밀성 대 고립감', 7단계(장년기)의 '생산성 대 침체감', 그리고 8단계(노년기)의 '통합성 대 절망감' 등에서도 정서적 경험은 중요한 인격 발달의 척도가 된다.[26] 프로이트가 무의식의 세계에서의 인간의 정서적 경험에 지나치게 집중한 것과는 대조적으로 에릭슨은 의식의 측면에서, 심리적·사회적 요구나 발달의 측면에서, 그리고 보다 자율적으로 발달하는 자아의 측면에서 인간의 정서적 경험을 다루고자 했다.

당시에는 유아의 정서적인 경험은 과학적이고 실증적인 연구의 대상이 될 수 없다는 심리학의 주장이 정설로 자리 잡아가던 무렵이었다. 그런데 실번 톰킨스Silvan Tomkins는 유아의 정서 발달에 대해 최초로 실증적 연구를 시도했다. 유아의 '정서 이론Affect theory'으로 널리 알려진 톰킨스는 1962년 《정서적 상상적 의식Affect Imagery Consciousness》에서 의식에 대한 실증적 분석이 심리학 발달사에 있어서 두 가지 큰 흐름에 의해 지체되어왔다고 지적한다. 첫 번째는 행동주의 심리학이고, 두 번째는 정신분석학이라는 것이다. 전자는 관찰 가능한 인간의 '행위'에만 관심을 가졌고, 후자는 인간의 '무의식'만을 지나치게 강조했다고 본다.

프린스턴 대학의 심리학 교수였던 톰킨스는 1955년 안식년에 외아들을 대상으로 매우 인상적인 실험을 시작한다. 그는 이 실험을 통해 유아의 정서 변화가 인간의 신체 변화와 깊은 연관이 있음을 관찰하게 된다. 그는 유아의 정서를 긍정적 상황의 정서(흥분, 기쁨)와 중립적 상황의 정서(놀람), 부정적 상황의 정서(슬픔, 두려움, 분노, 수치심), 그리고 본능적 욕구와 반대되는 상황의 부가적 정서(메슥거림, 역겨움)로 나누어보았다. 그리고 해당 정서가 유아에게 어떤 신체 변화, 특히 안면의 변화를 가져오는지를 밝히고자 했다. 예를 들어 유아에게서 기쁨의 정서는 세 가지 표정, 밝은 얼굴, 안면 근육의 이완, 열린 입술과 직결된다. 그리고 유아의 분노는 눈이 좁아지고 턱에 주름이 잡히고 얼굴이 붉어지는 변화를, 수치심은 눈을 아래로 떨어뜨리고 고개를 숙이거나 돌리며 얼굴이 붉어지는 변화를 가져온다. 부가적 정서인 역겨움에 대해서는 윗입술이 올라가고 고개가 뒤로 젖혀진다는 것이다. 이와 같이 의식의 차원에서 정서에 대한 독창적인 이론을 수립한 톰킨스의 연구는 후대 학자들에 의해 정신분석학적인 틀을 많이 벗어나지 않는 선에서 이어지게 된다.

톰킨스가 새롭게 제시한 인간의 정서적 경험에 대한 실증적 연구는 그의 연구소에서 지금도 계속 진행되고 있다. 현재 미국 필라델피아주에 있는 실번 톰킨스 연구소 소장을 맡고 있는 도널드 네이선슨Donald Nathanson은 정신분석학자이다. 그는 톰킨스가 제시한 실증적 척도를 바탕으로 인간의 보다 내면적인 정서의 구조를 연구하고 있다. 실증적 관찰이 가능한 인간 의식의 중요성뿐만 아니라 무의식적인 반응에도 민감한 관심을 보이고 있는 네이선슨은 톰킨스가 제시한 수치심이라는 부정적 정서의 이면을 발견한다.[27] 2개월 반에서 3개월 된 유아를 대상으로 관찰하던 네이선슨은 유아에게서 '부정적 정서'로서만이 아닌 '부가적 정서'로서의 수치심의 특징을 확인한다. 엄마가 눈을 맞추며 웃다가 중단하고 잠시 뒤를 돌아보았다가 전혀 다른 무서운 표정을 짓자, 유아는 울거나 고개를 떨어뜨리면서 시선을 피하는 수치심의 특징을 보였다. 톰킨스가 부정적인 상황에서의 정서로만 분류했던 수치심은 유아가 자신의 기대 욕구와 반대되는 상황을 경험할 때 발생하는 부가적 정서의 특징도 가지고 있다는 것이다. 수치심을 경험하는 이들의 정서적 경험을 총체적으로 이해하려면 단순히 의식적 차원에서의 부정적인 정서만이 아니라, 보다 상호 관계적이고 무의식적인 측면, 즉 상대에게 기대하는 본능적이고 내면적인 욕구와 관련해 이해해야 한다는 점을 네이선슨은 잘 보여주고 있다.

네이선슨의 연구에서 나타난 바와 같이 수치심은 아주 어릴 때부터 경험하는 자연스러운 정서다. 이것이 타인과의 관계에서 인정이나 사랑 등을 기대했다가 거부당하는 뜻밖의 경험을 하고 나서 느끼는 부가적 정서라는 점은 인간의 의식 배후에 대한 보다 진지한 관심을 촉발한다. 한 개인의 수치심은 그가 관계를 맺고 있는 타인에 대한 직접적인 경험에만 기인하는 인과론적인 결과가 아닐 수 있다는 말이다. 그가 타인에 대해 어떤 기대를 가졌는지가 무엇보다 중요하다. 바로 그 기대와 다르게 진행되거나 거부되는 경험이 자신의 전반에 대한 부정적인 평가로 직결되기 때문이다. 수치심을 느끼는 사람들에게 가장 큰 문제는 무의식적으로 진행되는 자기 자신에 대한 극단적인 평가이다. 자신에 대한 혼란, 회의, 무가치성에 시달리도록 낭떠러지로 떠미는 수치심이라는 정서는 실로 위험한 정서로 탈바꿈되기 쉽다. 심지어 수치심은 종종 자살이나 살인 행위로 이어지기도 한다.

흔히 정신분석학자들에 의해 제시되는 죄책감guilt과 수치심shame의 비교 연구에서 그 이유를 헤아려보자. 에릭슨은 죄책감과 수치심의 극명한 차이를 가장 효과적으로 설명하고 있다. 그는 죄책감은 유아 혹은 아동의 청각적 경험이고, 수치심은 시각적 경험이라고 설명한다. 즉 죄책감은 잘못을 행한 아이가 엄마에게 잔소리를 듣는 경험이다. 반면 수치심은 잘못을 행한 아이가 그 벌로 발가벗겨져 손을 들고 서 있을 때 자신의 발가벗은 몸을 보는 경험이다. 무엇이 다를까? 부모의 입장에서는 단순히 잔소리를 하는 것보다 따끔하게 남 앞에서 창피를 주는 등의 충격 요법을 쓰는 것이 효과적이라고 생각할 수도 있다. 그러나 당하는 아이의 무의식에는 다른 그림이 그려진다. 청각적인 죄책감의 경우 아이는 단순히 자신이 잘못한 '행위'에 대해 그림을 그린다. "내가 왜 하지 말라는 일을 했을까?", "이 일은 해서는 안 될 일인가 보다. 매번 잔소리를 하시니 말이야" 등이다. 그러나 시각적인 수치심 경험을 하는 아이들에게는 자신의 행위가 아니라, 자기 자신 전반의 '정체성'에 대한 그림을 그리게 된다. "나는 엄마에게 무엇인가? 나는 얼마나 형편없는 아이인가? 그래, 나는 정말 쓸모없는 놈이다” 등 부정적인 자의식의 나락으로 떨어진다. 유아기에 이러한 수치심 경험을 수없이 한 아이들을 상상해보라. 그들은 부정적인 자의식을 가지게 되고, 극단적인 경우에는 자기 자신을 해치거나, 부정적인 자아 정체성을 갖게 하는 대상을 없애는 것으로 해결책을 찾기도 한다.

미국 하버드 의과대학의 정신의학자 제임스 길리건James Gilligan은 매사추세츠주의 형무소에서 오랜 기간 동안 살인을 비롯해 아주 치명적인 폭력을 범한 재소자들의 범행 동기를 밝히기 위해 심층 인터뷰와 연구를 실시했다. 25년간에 걸쳐서 연구한 결과 그는 대부분의 재소자들이 아주 흡사한 정서적 경험을 한 후에 순간적으로 치명적인 범죄를 저지른다는 사실을 발견했다.[26] 그들이 저지른 범죄의 무의식적인 동기는 주로 그들이 가지고 있는 원한이나 증오가 아니라, 그들의 수치심이었다. 거의 모든 재소자들이 기억하는, 범죄의 마지막 순간에 들었던 무의식적 메시지는 “이렇게 무시를 당하고 어떻게 살아? 도저히 참을 수 없어. 없애버려!”였다. 대부분 ‘체면 손상loss of face’을 수없이 경험한 경우에 더 이상 참을 수 없게 된 순간이나, 너마저 나를 창피하게 할 수는 없다는 생각이 들 때 자기 방어의 수단으로 폭력을 행사한다는 것이다.

폭력과 수치심의 관계에서 나타나는 놀라운 사실은 폭력의 발단이 수치심을 느끼게 하는 ‘대상’에 대한 문제이기보다는, 수치심을 느끼는 개인 ‘내면’의 문제라는 점이다. 주로 극단적인 폭력을 동반하게 되는 병리적인 수치심은 왜곡된 자아상을 가지게 한 성장 환경과 관련되어 있다. 수치심이라는 정서는 한 인간의 정서적 경험이 중요한 타인들에 의해 제대로 돌보아지지 않을 때 얼마나 치명적인 결과를 가져올 수 있는지를 가장 잘 보여주는 예다.

3. 종교와 폭력, 그 해결의 실마리

정신분석적 심리학의 연구에서 다루는 죄책감이나 수치심, 자아 정체성 등은 종교의 중요한 주제로, 종교와 심리학의 만남에서 **통합적인** 의미를 산출할 수 있다. 죄 혹은 고통에서 벗어나 구원을 추구하는 것은 거의 모든 종교에서 드러나는 구조이고, 참된 나를 찾아 탐구하는 구도적 태도 역시 일반적인 종교적 현상이다. 또한 정신분석적 심리학의 연구들은 이러한 정체성 문제가 인간의 정서적 경험에 대한 진지한 관심과 연결되어 있음을 우리에게 보여준다. 에릭슨이 지적한 것처럼 각 단계의 발달 과제를 이행하지 못할 때, 인간은 발달이 저해되고 부정적인 정서 경험을 하게 된다. 그리고 길리건이 주장한 수치심과 폭력의 상관관계 분석처럼 한 개인의 부정적인 정서적 경험은 극단적인 경우에 살인으로까지 연결될 수 있다.

나는 가끔 가장 '종교적'으로 보이는 사람에게서 가장 '폭력적'인 단면을 발견하고서는 섬뜩해할 때가 있다. 특히 근본주의적인 신앙을 가진 종교인일수록 폭력적인 행위를 쉽게 종교적으로 정당화하는 것을 본다. 아침마다 기도하는 대통령은 신이 명령한 전쟁이라며 전쟁의 도화선에 불을 붙인다. 종교(노래) 자체가 전쟁과 무슨 상관이 있기라도 한 듯 둘러댄다. 더욱이 종교의 노래를 부르는 이가 종교 지도자이거나 성직자인 경우에 충격은 기하급수적으로 배가한다.

미국의 한 상담 기관에서 근무할 때의 일이다. 정신과 의사로부터 한 성직자의 심리 치료를 의뢰받았다. 40대 중반의 칼이라는 성직자는 6개월 전부터 환청에 시달려왔고, 여러 차례 스스로 목숨을 끊으려고 했다. 그는 1년 전 20대의 여신도와 성관계를 가진 혐의로 구속되었다가 보석으로 풀려난 바 있었는데 법정에서 자신의 행위는 '폭력'이 아니라, 거룩한 '돌봄'의 행위였다고 주장했다. 자신을 찾은 외롭고 상처 받은 여신도의 가장 힘든 곳을 보살펴주었다는 것이다. 그는 여신도의 요구와 필요에 의한 행위라고 주장했지만, 범죄 행위임에 틀림없다. 더욱이 이 성직자는 기혼자였다. 그는 충실한 가장이었고 건실한 남편의 역할을 수행하고 있었다. 그는 여신도와의 성관계에서 피임을 철저히 한 것도 결국 그녀를 위한 돌봄이었다고 주장했다. 상담을 하던 나는 너무 기가 막혀 귀를 의심했다. 그는 더없이 종교적인 사람으로 자처하며 자신의 비윤리적 행위를 종교적인 행위로 둔갑시키는 마술까지 감행했다. 상담 초기에는 그가 부르는 근본주의적 노래(종교)에 염증과 심한 거부감을 느꼈다. 전문적인 상담 교육 덕택에 그가 부르는 노래(종교)와 그 노래를 부르는 가수(성직자)의 여러 문제를 구별해볼 수 있었지, 하마터면 그가 부르는 근본주의적 노래(종교)를 정죄하는 일로 상담을 마무리할 뻔했다.

상담을 해나가는 동안 그가 행한 성폭력과 그 자신에게로 향한 자살 충동이라는 폭력 사이에는 무슨 관련이 있는 듯했고, 그의 무의식이 그에게 던지는 무언의 메시지가 무엇인지 궁금했다. 칼의 아버지는 매우 폭력적이었다. 그는 거의 매일 구타를 당하며 성장했다. 그런데 대학 시절 집에 찾아온 그의 여자친구를 아버지가 성폭행했다. 여자친구는 칼과 그의 아버지를 저주하며 떠났다. 아버지는 오랜 기간 복역했고, 이후 그는 아버지와 의절했다. 아버지에 대한, 그리고 자신에 대한 수치심으로 그는 고향을 떠나 방황했다. 술과 마약으로 자신을 달래면서 청춘을 소진하던 그를 수렁에서 건진 것은 지금의 아내였다. 그녀는 칼을 한 근본주의적 종교 단체로 이끌었다. 그는 신학을 공부해 성직자가 되었고, 그녀와 결혼을 했다.

그런 그가 왜 아내 이외의 여인과 성관계를 가졌으며, 이제는 스스로 목숨을 끊으려는 것일까? 그는 수렁에서 나와 존경받는 성직자가 되었지만, 무의식적으로는 여전히 수치심에 사로잡혀 있었다. 그는 20여 년 동안 자신을 폭력으로 무참히 짓밟은 아버지에 대한 수치심보다 훨씬 과중한 자기 자신에 대한 수치심에 지배당하고 있었다. 종교도 그의 수치심 앞에서는 아무런 힘을 발휘하지 못했다. 그는 수치심과 종교 사이의 간극을 메우기 위해, 자신의 정체성을 확인하는 도구로 성(性)을 이용했다. 신이 주신 선물을 신도들의 유익을 위해 사용한다는 식으로 합리화하면서 말이다.

우여곡절 끝에 칼을 고소한 여신도는 고소를 취하했고, 법적인 문제는 비교적 원만하게 해결되었으며, 그의 아내도 그를 받아주었다. 하지만 그 사건 이후 예전보다 훨씬 큰 부피의 수치심이 칼을 억누르기 시작했다. 칼을 자살로 내몰고 있는 환청은 놀랍게도 이제는 거의 잊어버린 아버지의 목소리였다. 그의 아버지는 몇 해 전에 이미 작고한 상태였다. 칼은 아버지의 목소리를 들을 때마다 더욱더 커지는 수치심을 견디지 못하고 자기 자신에게 폭력을 행사하고 만 것이다. 어쩌면 그 폭력은 자기 안에서 자신을 괴롭히는 아버지에 대한 공격일지도 모른다. 성직자가 된 그였지만, 아버지에게서 받은 유아 시절의 수치심은 사랑스러운 아내도, 젊은 여인도, 그리고 그의 신조차도 회복시켜주지 못했다.

이후 칼 부부를 함께 상담하면서, 그를 유아기 수치심의 굴레에서 풀어내고자 노력했다. 수치심에서 해방되지 않는 이상 그는 언제 자신을, 혹은 자기 안에 도사리고 있는 아버지를 죽이려 할지 모른다. 그것을 극복하기 위해 칼을 그의 아버지 또래의 남성들로 이루어진 집단 상담 지원 모임에 참석하도록 유도했다. 유아기에 한 번도 제대로 받지 못했던 지원과 격려를 지원 그룹의 남성들에게 받기 시작하면서, 더 이상 환청이 들리지 않게 되었다. 1년 이상 부부 상담과 집단 상담이 진행되면서, 그는 정상적인 성직자로 복귀할 수 있었다.

이 상담을 통해 얻은 가장 큰 수확은 한 성직자의 폭력에서 야기된 세상의 오해로부터 그가 부른 노래(종교)를 해방시킨 일이었다. 세상은 그가 폭력을 행사한 성직자였다는 사실에서 그가 노래한 종교의 치명적인 결함을 찾고자 한다. 그러나 문제는 노래에 있지 않았다. 그는 노래 부를 준비가 되어 있지 않은 수치심과 자기 정체성의 소유자였다. 그는 자신의 수치심과 자기 정체성에 대한 탐험이 끝나갈 무렵에야 더 이상 폭력에 대한 환상을 가지지 않게 되었다. 자신을 해치는 일을 멈추고 성적인 폭력에서도 자기 자신을 구할 수 있었다. 이제부터 그는 보다 의미 있고 조화로운 멜로디로 종교를 노래할 수 있으리라. 칼과의 상담은 이후에도 이와 같이 자신의 완벽한 종교성을 주장하는 종교인, 특히 성직자들에게 폭력이 공공연하게 등장하는 기이한 현상을 접할 때마다 종교(노래) 그 자체를 신학적으로 의심하기 전에 보다 내면적인 이유를 찾게 했다. 이것이 정신분석학이 종교를 만나 제공하는 **통합**의 관점이 아닐까?

4. 병리적인 종교성의 해방을 위하여

우리는 가끔 신문지상에서 한 종교 단체의 지도자가 신도와의 성적인 문제로 사회적 지탄을 받으며 비난의 표적이 되는 것을 본다. 그 지도자가 이끄는 종교 단체나 종교 자체의 이미지가 망가지는 것은 말할 것도 없다. 다른 사람도 아닌 성직자가 성적인 불륜을 저지르는 것을 관대하게 보아줄 사람은 이 세상에 아무도 없다. 앞서 이야기한 바대로 종교성의 성숙과 도덕성의 성숙을 거의 동일시하는 일반인의 입장에서 이런 유의 사건은 종교 그 자체에 화살을 돌릴 수밖에 없다. 나는 종교인의 성 윤리란 단순히 생활에 있어서의 실제적인 도덕이나 윤리의 문제일 뿐 아니라, '종교적이고 또한 심리학적' 문제라고 생각한다.

종교인이나 성직자의 성적 일탈을 접할 때마다 과연 성은 신이 주신 선물인지 애물단지인지 혼란스럽다. 어쩌면 대부분의 종교는 이러한 성이 가지고 있는 이중성의 문제를 명쾌하게 해결하지 못하고, 억압 일변도의 태도를 견지하고 있는지도 모른다. 미국의 사회학자들은 성적인 일탈 행위가 빈번하다는 사실을 근거로 남성 성직자들의 세계를 성 윤리가 가장 희박한 곳으로 진단하기도 한다. 일각에서는 여성보다 남성에게 훨씬 많은 성적 일탈이 일어난다는 사실을 근거로 성 윤리에 성별 차이가 있다고 보기도 한다. 남성과 여성이 성적 충동과 욕구의 측면에서 차이가 있다는 것이 과연 인체 구조상 애초에 그리 만들어진 것인지 알기는 쉽지 않다. 물론 신이 남성과 여성을 왜 그리도 다르게 만들었는지에 대한 대답 역시 조물주에게 직접 묻지 않고는 알기 어렵다. 아무래도 종교인, 특히 남성에게 성은 조물주가 준 애물단지가 될 판이다. 게다가 사회 일각으로부터 보다 높은 윤리의식을 요구받는 종교 지도자나 성직자에게 성은 더더욱 무거운 애물단지가 될지도 모른다. 이 책에서는 종교인(특히 남성)의 성 일탈 문제를 미국 캘리포니아 버클리 대학의 유명한 여성 인류학자인 낸시 초도로Nancy Chodorow의 정신분석학적 설명을 통해 풀어보려고 한다.[20]

다양한 문화에 속한 인간의 독특성을 연구하고자 하는 인류학자들은 때때로 많은 문화권에서 공통적으로 나타나는 현상의 원인을 묻는다. 초도로 역시 시대와 문화를 막론하고 대부분의 문화권에서 왜 남성이 여성보다 성적인 충동을 많이 느끼고 성적인 일탈 행동도 더 많이 하게 되는지에 의문을 가졌다. 그녀는 정신분석학적 접근 끝에 그 이유를 다음과 같이 분석했다. 먼저 대부분의 문화에서 유아를 키우는 사람이 엄마이기 때문에 나타나는 공통적인 외부 환경적 요소가 깊이 연관된다. 즉 남자아이는 태어나자마자 처음 대면하는 엄마의 모습에서 엄마는 나와는 성적으로 다른 존재라는 것을 체득하게 된다. 남성성은 늘 다름과 분리, 독립을 추구한다. 이와는 대조적으로 여자아이는 자기와 성적으로 같은 엄마를 보고 쉽게 동질감을 느낀다. 이때 여자아이의 여성성이란 친밀성이며 관계성이다. 엄마에 대해 성적인 동질감을 느끼기보다 다름을 느끼는 남자아이는 여자아이에 비해 친밀성이나 관계성을 축적시키기보다 자꾸 엄마로부터 떨어져 홀로 서려는 독립성을 먼저 발달시키기 마련이다.

더욱이 적지 않은 문화권에서 남자아이에게 무뚝뚝함=남성성을 강요해왔다. 한국 역시 예외는 아니다. 우리네 옛 어른들도 남자아이가 너무 감성적이면 "네가 계집애냐" 하고 대뜸 야단을 치곤 했다. 초도로는 이를 통해 남자아이에게 나타나는 것이 '감정의 성기화genitalization'라고 지적한다. 이것은 어릴 때부터 감정의 친밀도를 느끼는 것에 익숙한 여자아이는 다양하고 섬세하게 감정이 발전하지만, 남자아이는 세밀한 발달 과정을 거치지 못한 채 속도위반을 하면서 갑작스러운 성적인 친밀도로 치닫는 경우가 많다는 것이다. 쉽게 이야기하자면 여성은 감정의 발달 단계에 있어 친밀도가 1층부터 10층까지 차례로 상승하는 반면, 남성은 1층에서 곧장 10층으로 급상승하는 비정상적 발달 단계를 가진다는 것이다.

남성이 여성보다 성적인 충동을 쉽게 느끼는 것도 사실은 이 감정의 성기화와 상관있다. 예를 들어 어릴 때부터 친밀한 감정이 형성될 환경이 제공되지 않는 가족 혹은 문화에서 성장한 남성이 있다고 가정해보자. 그래서 그는 1단계와 마지막 단계의 성적인 감정만 발달해 있다. 이로 인해 그는 처음 만난 여성에게서 어떤 감정적 교류도 거치지 않고 성적인 감정을 먼저 느끼게 된다. 남성은 여자끼리 손을 잡고 다니는 감정의 단계를 이해하지 못한다. 남자끼리 그러고 다닌다면 여지없이 둘은 동성애자로 간주된다. 여성은 남성에게 친밀함을 느끼는 것이 곧장 성적인 관계로 직결되지 않는 반면, 남성은 여성에게 친밀함을 느끼는 순간 곧장 성적인 관계로 연결될 수 있는 소지가 있음을 초도로는 명확하게 짚어낸 것이다.

앞서 예로 든 칼의 경우처럼 성적인 일탈 행동을 한 남성 성범죄자들을 위한 상담의 임상 과정을 보면, 많은 성범죄자들이 어렸을 때 아버지와 관계가 좋지 않았던 것을 볼 수 있다. 아버지와의 관계가 나쁜 사람들은 주로 어린 시절 아버지와의 정서적 접촉이 절대적으로 부족했을 것이고, 아버지와 '같은' 성을 가졌기 때문에 자연발생적으로 느낄 수 있는 친밀함을 형성하고 이후 차근차근 발달시킬 수 있는 기회를 박탈당

했을 가능성이 크다. 그럴수록 감정은 극단적으로 성기화된다. 그로 인해 여성을 보고 친밀함을 느끼는 순간 그녀와의 성관계를 연상한다.

특히 칼은 아버지에게서 받은 지독한 수치 경험으로 정서적 경험에 장애를 가졌을 뿐 아니라, 자아상에 커다란 장애를 갖게 되었다. 게다가 자신의 눈앞에서 여자친구가 폭행을 당하는 장면을 목격한 뒤로는 남성으로서의 성적인 정체성도 무참히 짓밟힌다. 그런데 자신의 정체성을 짓밟은 아버지상이 그에게서는 곧바로 하느님상으로 연결되어버린 것이다. 감정이 성기화된 그는 누구와도 세밀한 친밀성을 가지지 못했고, 하느님과도 결코 친밀한 인격적 관계를 가지지 못했다. 하지만 그의 수치심과 왜곡된 정체성이 신과의 어떤 친밀한 만남도 가능하지 않도록 훼방 놓고 있었던 것을 그 자신이 아는 순간, 그는 처음으로 해방감을 경험한다. 그리고 이전에 부르던 종교라는 노래가 거짓이었다는 것을 확인하고, 수없이 많은 세월 동안 종교를 '립싱크'로 부르게 한 자신의 병리적 수치심에서 해방될 수 있었다.

종교는 칼에게 성적으로 비윤리적인 것은 신의 뜻이 아니라고 선언한다. 그리고 종교인에게는 비종교인보다 더 엄격한 성 윤리가 필요하다고 역설할지도 모른다. 그렇다면 종교뿐만 아니라 법적으로도 금기되어 있는 성적인 일탈 행위로 인하여 사회의 혹독한 비판 대상이 될 수 있는 종교인을 위하여 심리학은 무엇을 할 수 있을까? 이에 정신분석학은 성이라면 무조건 억압하라는 잘못된 종교적 가르침에 '해방'이라는 처방전을 낸다. "절대로 안 된다"는 억압을 가져오기 마련이다. 정신분석학은 억압보다 해방에 관심이 있는 학문이다. 나는 감정이 성기화되는 현상이 분명 남성과 여성 사이의 성적인 감정이나 충동의 차이를 가져왔지만, 남성 감정의 성기화가 절대적인 현상이라고 보지는 않는다. 오히려 초도로의 이론에서 우리는 남성도 감정의 세밀하고 단계적인 발달을 염두에 두는 노력이 건강한 성적 행동을 만들어가는 것과 연관이 있다는 것을 읽어내야 한다. 나의 임상 경험에 따르면 남성들도 주위 사람들과 친밀한 감정을 가지고, 다양한 감정 표현의 기회를 가질수록 감정이 성기화되는 현상이 크게 감소한다. 예를 들어 아내와 다른 여성에 대한 감정을 자유롭게 이야기할 수 있는 남편들에게는 감정의 성기화가 덜 일어난다.

종종 종교인에게 철저한 성 윤리를 강조하며 스스로를 윤리적인 완벽주의자로 자부하는 경우가 있다. 예를 들어 기독교의《신약성서》에 나타나는 예수의 "나는 너희에게 이르노니 여자를 보고 음욕을 품는 자마다 마음에 이미 간음하였느니라"(《마태복음》, 5장 28절)라는 구절은 얼마나 삼엄한 윤리인가? 과연 음욕을 품는 일을 간음으로 여기고 사는 기독교인이 얼마나 될까? 이러한 구절이 과연 간음이라는 성폭력에서 종교인을 얼마나 해방시킬 수 있을까? 사실 나는 예수의 이 말씀이 대단한 심리학적 통찰력을 보여준다고 생각한다. 왜 "여자를 보고"라고 표현한 것일까? "남자를 보고"는 왜 생략했을까? 어쩌면 예수는, 남성은 여성을 보는 것만으로도 성적인 관계를 연상하는 감정의 성기화 현상을 보인다는 사실을 미리 간

파한 것이 아닐까? 심리학적으로 환상은 실현될 가능성을 축적하는 법이다. 인간은 현실에 대한 '시범 가동trial run'을 축적하게 되므로, 어느 날 현실과 환상을 착각하여 환상을 현실로 끌어들이는 우를 범할 수도 있다. 실현하지 않는 환상은 죄가 아니라는 생각은 사실 잘못된 환상이다. 마음으로 음욕의 감정을 가지는 것만으로도 간음했다고 선포한 예수는 인간의 성이 단계적인 사랑과 헌신의 감정 발달을 통해 열매 맺는 선물이 되기를 권고하고 있다. 종교는 성이 조물주의 선물이 되는 과정을 중요하게 강조할 뿐 결코 성의 무조건적인 억압을 주문하지는 않는다. 오히려 성을 극단적으로 억압하는 것은 폭력을 불러올 수도 있다. 중간 단계가 삭제된 감정의 성기화의 산물인 성적인 관계는 결국 한 인간을 성적인 대상으로 물화(物化)할 수도 있다.

종교인의 종교는 보편성이라는 포장지로 두껍게 밀봉되어 있다. 그러나 어쩌면 포장지 이면에 보다 중요한 종교인의 심리학적 기제가 숨어 있을지도 모른다. 종교로 포장된 수치심도, 종교로 포장된 폭력도 적지 않다. 때로는 이러한 폭력이 전쟁을 일으키기도 하고, 천인공노할 테러를 자행하기도 한다. 우리 시대에는 이러한 종교가 민중의 아편이나 전쟁의 씨로 전락할 위험성이 편재해 있다. 이런 점에서 정신분석학은 종교로 포장된 병리적 종교성에서 개인이 해방되도록 돕는 비판적 동지임에 틀림없다.

제 5 장

영성,
한국적일 수
있는가

미국 유학 시절에 만난 친구 가운데 미시시피주에서 온 마크라는 흑인 친구가 있었다. 유학 초기 나는 이 친구와 약 반년간 한집에서 살았는데, 그에게는 아주 특별한 구석이 있었다. 다른 백인 친구들도 그 친구를 특별하게 생각했는데, 모두가 공통적으로 하는 말이 마크는 매우 '영적spiritual'이라는 것이었다. 그의 작은 방에는 마틴 루터 킹 목사의 초상화에다 흑인의 모습을 한 예수의 사진이 붙어 있었고, 법당에서나 볼 수 있을 법한 명상 도구가 즐비했다. 마크는 혼자 방에 틀어박혀 향을 피우고 명상에 잠기는가 하면, 동네의 놀이터에서 한 시간이 넘게 심호흡을 하면서 요가 비슷한 체조를 하기도 했다. 그런데 그 집에 함께 살던 다른 친구들과 이야기를 나누던 나는 영적이라는 단어가 한국과는 조금 다르게 쓰이는 것을 발견했다. 마크는 일요일이면 여러 교회나 성당 또는 유대교 회당 등을 자유롭게 옮겨 다니는 종교생활을 했다. 이런 점에서, 한국에서라면 그를 특별하게 영적이라고 생각할 이유가 없을 듯했다. 당시 나는 영적인 사람으로 평가받으려면 최소한 한 종교에 깊이 귀의하여 남들은 흉내 낼 수 없는 종교적인 헌신을 보여주어야 하고, 거기다 매우 초월적이고 신비적인 능력을 보유해야 영적인 범주 안에 들어갈 수 있다고 생각했다.

미국인은 종교와 영성을 구별해서 사용하는 경우가 많다. 미국인 중에 종교는 없어도 영성은 있다고 말하는 이들이 적지 않은 이유는 무엇일까? 아무래도 종교라 하면 제도적인 종교 기관에 교적을 두고 있는가의 문제이고, 영성의 경우는 스스로의 영적인 훈련에 투자하는 시간과 태도의 문제로 보기 때문인 듯하다. 이때 영성은 웰빙에 가까운 개념이다. 잘 먹고 잘 사는 것이 몸과 정신이 건강한 것을 의미할 뿐 아니라, 영혼의 건강도 챙기는 것이라는 생활 방식의 변화가 영성을 적극적으로 수용하게 된 시대적 배경이다.

마크를 만난 지 10여 년이 흐른 지금 나는 한국에서도 영성이라는 단어가 매우 서구화되어가는 것을 목도하고 있다. 한국에서도 웰빙 열풍과 함께 요가나 각종 영적인 수련에 대한 관심이 고조되고 있다. 특별한 종교가 없더라도 정신적이고 영적인 건강을 위해 숨 공부를 하거나 기(氣) 수련을 하는 모습이 전혀 어색하지 않다. 앞으로 우리 사회에서는 미국과 같이 종교와 영성이 구별되는 방향으로 흘러갈 가능성도 있고, 기존의 종교 기관에서는 영성에 대한 웰빙적인 바람을 경계하고 터부시할 수도 있다. 예를 들어 요가를 심신 수련법의 하나로 수용해 건강 증진을 도모할 수도 있지만, 인도의 종교적 내용을 담고 있다는 점을 들어 배척할 수도 있다. 과연 종교와 심리학적 웰빙 혹은 영성이 정녕 충돌의 만남이어야 하는가? 무엇보다 중요한 것은 개별 종교가 가진 영성의 내용이 어떤 방식으로 한국 사회에 기능적으로 정착할 수 있는가의 문제이다. 웰빙에 대한 문화적 차이를 주목하는 문화심리학적인 연구가 이러한 종교인의 영성 이해에 발견적인 의미를 첨가해주지는 않을까? 미국에서와 같이 종교와 영성이 분리되기를 원치 않는다면 한국적 영성을 위해 문화심리학과의 대화를 더더욱 주저하지 말아야 한다.

1. 웰빙, 결코 신개념이 아니다

언제부터인가 웰빙이라는 정체불명의 단어가 한국 사회를 휩쓸고 있다. 불과 몇 년 전만 해도 국어사전에서는 전혀 찾아볼 수 없었던 개념이지만 그 사전적 의미인 안녕, 행복, 복지 등의 의미 이상의 방대한 해석적 지평을 마련해가고 있다. 일반에 알려진 용례를 본다면, 주로 현대인의 바쁜 일상과 스트레스 속에서 건강한 육체와 정신을 추구하는 새로운 라이프스타일을 총칭하는 개념으로 정리할 수 있다. 그리고 잘 먹고 잘사는 법의 일대 전환을 가져왔다는 평가도 받고 있다. 간편한 현대인의 식사 대용품이었던 인스턴트식품 대신 생식(生食)이, 기름진 음식 대신 유기농 식품이 대접받기 시작했고, 비싼 대리석으로 집을 꾸몄던 이들이 이젠 흙을 퍼다 베란다에 깔고 아침마다 사뿐히 지르밟으며 대지의 기를 마신다고 한다. 운동도 러닝머신을 이용하는 인위적인 운동보다 요가처럼 자연과 호흡하는 운동이 부각되고, 육체의 건강만이 아닌 정신적 건강을 동시에 추구하는 것이 웰빙의 특징이다. 무엇이 진정한 웰빙인지에 대해서 간단히 답하기는 어렵겠지만, 육체적 건강과 부유한 삶보다는 정신적인 평안과 질적인 삶에 대한 새로운 인식과 필요성이 주된 구성 요소임은 틀림없다.

사실 북미나 서구 사회에서 웰빙이라는 단어는 복지나 행복을 의미하는 단어 그 이상도 이하도 아니다. 복지나 행복이라는 단어와 비교하여 다른 부가적인 의미를 가지는 것도 아니고 한국에서처럼 포괄적 의미를 가지지도 않는다. 오히려 일반적으로 이 단어는 건강의 동의어쯤으로 쓰인다. 물론 육체적이고 정신적인 건강(때로는 영적인 건강까지)을 포함하는 개념이다.

그러나 철학에서는 웰빙이라는 용어가 결코 신개념이 아니다. 우선 이는 오랜 기간 동안 도덕 철학의 한 주제로 사용되어왔다. 무엇이 인간에게 궁극적인 선인가 하는 철학적 물음에서 바로 선을 이루는 그 무엇이 웰빙이라는 것이다. 특히 최대 다수의 최대 행복을 목적으로 하는 공리주의에서 웰빙은 행복이라는 의미에 가까운데, 이때 웰빙은 쾌락주의에서 의미하는 육체적 쾌락이나 행복과는 구별되는 개념이라는 데 유의해야 한다. 쾌락이나 행복이라는 단어가 순간적이고 일시적인 상태를 의미하는 반면, 웰빙이라는 단어는 '전 생애에 걸친 행복감'이라는 의미를 담고 있다.

심리학에서도 같은 의도로, 그러니까 인간의 행복한 상태에 대한 심리학적인 논의를 진척시킬 의도로 웰빙이라는 단어를 채용한다. 소위 행복에 대한 심리학이다. 이 장에서는 웰빙이라는 단어가 심리학적으로 사용되는 연구를 검토하고, 최근 문화와 웰빙의 관계에 대한 문화심리학적인 연구를 중점적으로 살펴볼 것이다. 그리고 웰빙과 영성을 연결하려 한 심리학적 작업의 고찰을 통해 한국인을 위한 웰빙과 영성 논의에 대한 통합적 의미를 도출하고자 한다.

1967년 심리학자 워너 윌슨Warner Wilson은 개인이 인정하는 주관적인 행복감에 대해 방대한 연구를 시작했다. 이 연구의 결론은 행복한 이들은 "젊고, 건강하고, 잘 교육받고, 돈을 잘 벌고, 외향적이고, 낙천적이고, 걱정이 없는 상태이고, 종교적이며, 결혼한 사람들로서 높은 자긍심과 근로 의욕, 적당한 영감과 넓은 지적 능력을 겸비한 이들"이라는 것이었다.[30] 윌슨의 연구 이래로 사회심리학 분야에서 인간의 주관적 행복의 상관관계에 대한 연구는 현재의 주관적 안녕감subjective well-being(SWB) 연구로 이어져 다양하게 진행되어왔다. 몇 가지 주요한 방법론적 발전 과정 중에 나타나는 특징은 다음과 같다.

먼저 윌슨의 결론에 나타나는 대부분의 안녕감 구성 요건은 현재의 연구에서는 더 이상 발견되지 않는다. 오히려 구성 요인 자체가 아니라 상관관계를 이루는 요인들과의 상호 관계, 예를 들면 한 개인의 내부적 조건(성격이나 태도)과 그가 속한 외부적 상황(직업이나 결혼) 사이의 상호 작용 등에 관심을 보이는 방향으로 진행되고 있다. 다시 말해, 초창기 윌슨의 연구가 보여주는 어떤 요인들이 갖추어져야 행복한가 하는 '인과'에 대한 관심에서 행복감의 여부에 영향을 미치는 요인들을 비교 연구하는 '정도'의 문제로 강조점이 이동하고 있는 것이다. 과거에는 주관적 안녕을 여러 가지 상관 요인에 의해 결정되는 획일적인 구조라고 이해했으나, 현재는 주관적 안녕을 구성하는 요인 안에는 수많은 변수가 있다고 보며, 그 변수들 사이의 상호 작용과 패턴을 연구하고 예측하여 적응 및 대처 방안 등을 제안하는 연구가 주목받고 있다. 예를 들면, 과거의 연구는 결혼이나 복권 당첨, 혹은 이혼이나 사랑하는 이와의 사별 등을 개인의 주관적 안녕감에 커다란 영향을 미치는 요인으로 분석했다. 1996년 일리노이 대학의 연구자들은 115명의 연구 대상자들을 2년 동안 연구 분석해 그들이 겪은 외부적 사건들이 행복감에 미치는 영향을 조사한 결과, 오직 최근 3개월 이전에 발생한 사건들만이 긍정적이거나 부정적인 영향을 미친다는 사실을 밝혀냈다.[31] 이는 어떤 외부적 사건도 개인의 주관적 안녕감에 평생토록 지속적인 영향을 줄 수 없음을 밝힘으로써 통념을 뒤집은 중요한 논문으로 인정받고 있다. 인생에 있어 아무리 중요한 사건이라도 한 인간의 행복을 구성하는 요건으로서는 3개월 이상 지속되지 않는다는 것이다. 즉 주관적 안녕감이 필연적 인과 관계의 문제라기보다는 변수가 가진 영향력의 정도의 문제임을 보여주는 연구라고 할 수 있다.

월슨 이후 주관적 안녕감 연구에 새로운 전기를 마련한 학자는 일리노이 대학의 에드 디너Ed Diener이다. 그는 1984년 논문에서 주관적 안녕감에 영향을 미치는 두 가지 과정을 구별하여 지적함으로써, 방법론의 전환을 가져왔다.[32] 이른바 '상향식bottom up' 과정과 '하향식top down' 과정이 그것이다. 먼저 월슨의 연구를 비롯한 초창기 '공인된 행복감avowed happiness' 연구는 주로 상향식 요인이 주관적 안녕에 영향을 미친다고 본다. 즉 외부적 사건이나 상황이 어떻게 행복에 영향을 미치는지를 살펴볼 때, 인간에게는 기본적이고 보편적인 필요조건이 있어서 개인의 상황이 필요조건을 충족시키면 행복해진다고 전제한다. 개인이 행복을 찾아 바닥에서부터 외부적 상황이나 조건을 향해 올라가는 구조이다.

그렇다면 주관적 안녕감 연구의 하향식 과정이란 무엇인가? 그것은 바로 작은 변수에 관한 것이다. 이 작은 변수들은 외부적 사건이나 상황이 어떻게 지각되고 해석될지를 결정하는 구조적 요인으로 작용한다. 최근의 사건만이 지각되고 행복감에 영향을 미친다는 연구에서 볼 수 있듯이 '외부적 사건'의 여부가 아닌, 그 사건과 그것을 지각하는 개인 사이의 시간적 '변수'에 대한 하향식 과정에 초점이 맞추어져 있다. 행복감을 구성하는 외부 요건에서부터 개인의 내면적 작용으로 내려가는 구조이다.

이러한 사회심리학 분야의 주관적 안녕감 연구의 패러다임 전환은 한국 문화 속의 웰빙에 대한 이해에 발견적인 시사점을 준다. 웰빙 문화가 가지고 있는 구조적 특징에 대해 눈여겨보자는 말이다. 자칫 잘못하면, 상향식 구조를 잣대로 삼아 마치 유기농 식품을 섭취하고 요가를 할 수 있는 외부적 상황이 웰빙을 구성한다고 이해하기 쉽다. 그러나 실제로는 무엇이 웰빙을 구성하는가 하는 문제보다 웰빙에 영향을 주는 요건 사이에 개인마다 가지고 있는 변수가 오히려 더 중요할 수 있다. 모든 사람이 요가를 하면서 일괄적으로 정신 건강 및 영적인 건강을 추구할 수 있겠는가? 내성적인 사람과 외향적인 사람 사이의 심리적 변수나, 요가에 대한 종교적인 편견을 가진 사람과 그렇지 않은 사람들 사이의 심리적 변수 등도 고려해야 한다. 따라서 외부적 구성 요건에서 내려와 개인이 가지고 있는 작은 변수에 초점을 맞추는 하향식 웰빙이 되어야 한다.

또한 무엇보다 상향식 웰빙, 즉 인과론적 웰빙 이해가 가진 위험성은 문화에 대한 무비판적 수용이다. 우리는 국적 불명의 단어인 웰빙을 쓰면서, 미국인의 웰빙을 한국인의 웰빙, 아니 우리 개개인의 웰빙으로 해석하는 우를 범하지 말아야 한다. 윌슨이 언급한 행복한 사람의 요건은 문화심리학적 연구의 측면에서 허점을 드러내고 있다. 예를 들어 결혼한 이들이 이혼한 이들보다, 혹은 결혼하지 않은 이들보다 행복하다는 윌슨의 결론은 이제 미국 사회에서 수정되고 있다. 물론 아무리 이혼율이 계속적으로 증가 일로에 있는 개인주의적 사회라 할지라도, 미국 사회에서 진행되는 어떤 연구도 결혼한 이가 이혼한 이들보다 높은 주관적 안녕감을 가지고 있다는 데는 이의가 없다. 그러나 결혼하지 않고 동거하는 이들이 급증하는 추세에 주목할 필요가 있다. 이들이 이혼한 이들, 미혼인 이들뿐만 아니라 결혼한 이들보다도 높은 행복감을 가지고 있는가 하는 문제는 문화적으로 차이를 보인다. 최근 연구에서는 집단주의적 사회와는 대조적으로 미국과 같은 개인주의적 사회에서는 동거하는 이들이 결혼한 이들보다 높은 만족감과 주관적 안녕감을 지니고 있는 것으로 나타난다. 이처럼 문화의 차이는 행복감의 구성 요건의 변화를 가져올 뿐만 아니라, 개인의 행복감과 만족감을 판단하는 방식의 차이를 가져오기도 한다. 예를 들면 최근의 문화 간 차이를 관심 있게 연구하는 심리학자들은 미국 사회의 개인은 자신의 개인적인 감정적인 경험에 큰 비중을 두는 반면, 한국 사회와 같은 집단주의 사회의 개인은 타인과의 상호 관계에서 더 큰 만족감과 행복의 구성 요건을 찾는 경향이 있음을 지적하고 있다. 이러한 발견은 비교문화심리학이 종교와 만날 때 종교인들에게 매우 생산적인 **통합**의 의미를 만들어낼 것임을 암시한다.

2. 문화에 따라 웰빙도 달라진다

최근 국립국어연구원은 웹상에서 흔히 쓰는 외래어를 순우리말로 순화하는 운동을 전개하고 있다. 그러면서 웰빙이라는 말을 '참살이'로 순화하자는 주장이 대두되고 있다. 이는 웰빙보다 철학적이고 종교적인 의미를 가지고 있다. 참살이란 말 그대로 '잘 사는 법'이라기보다는 '바르게 사는 법'이다. 또한 그저 육체적으로 혹은 심리적으로 잘 살기 위한 상태를 추구하는 것이기보다는 바르게 살아야 한다는 윤리적 책임을 동반한 의미로 이해되기도 한다. 철학에서의 웰빙은 도덕 철학적인 측면, 즉 무엇이 궁극적인 선인가의 문제에 초점을 맞춤으로써 존재being 자체보다는 행위doing의 문제로 옮겨간다. 즉 참살이는 한 개인이 무엇을 하고, 해야만 하는가의 문제이다. 한편 인간의 행위를 구성하는 바탕을 이해하는 방식에 있어서 동서양의 차이가 나타난다는 것이 문화를 연구하는 사회심리학자들의 새로운 자각이다. 예를 들어, 서양인들은 행동을 개인의 태도와 감정처럼 내적인 기질의 한 기능으로 이해하는 데 비해, 동양인들에게는 상황적 요인, 즉 규범이나 역할, 의무 등이 행위를 구성하는 중요한 요인이 된다는 것이다. 사회심리학의 비교문화 분야에 지대한 공헌을 한 해리 트리언디스Harry C. Triandis는 이러한 서양적인 개인주의 문화에 속한 연구 대상자들의 특질을 쾌락주의적인 감정 중심적 기질에서 찾았고, 집단주의 문화에 속한 대상자들은 대부분 규범과 의무를 행위와 동일선상에서 보는 의무론자로 볼 수 있다고 진단했다. 심지어 그는 집단주의 문화에 속한 이들은 "그들의 의무를 수행하는 것을 즐기기 위해 자주 사교 활동을 하는" 것으로 이해하기도 한다.[33]

이처럼 인간 행위에 대한 이해는 문화에 따라 다른 형태의 웰빙을 구성하는 배경이 된다. 미국과 같은 개인주의 문화에 있어서의 웰빙은 자신의 주관적인 생각과 감정을 피력하는 것이 타인에게 관찰 가능한 행위를 하는 것보다 더 진정한 자아실현의 표본이 된다고 진단한다.[34] 감정의 정보 기능에 대한 일련의 연구에서도 이러한 개인주의 문화의 특징이 잘 드러난다. 예를 들어 미국과 같은 사회에서는 개인의 감정적 경험, 즉 "내가 그것에 대해 어떻게 느끼는가"가 어떤 판단이나 평가를 수행하는 데 있어서 가장 중요한 정보로 기능한다.[35] 즉 이 논의에 따르면 현재의 기분이 웰빙을 측정하는 주요 평가 기준이 된다.[36]

이러한 감정의 정보 기능은 타인과의 관계에도 그대로 적용된다. 내가 다른 사람에 대해 어떤 감정을 나타내는가가 다른 사람의 복지나 안녕을 도모하는 기준이 된다. 자기의 감정을 나타내지 않으면, 어떤 정보도 유출하지 않는 것으로 여기고 건강하지 않은 것으로 평가된다. 미국인에게 정신적으로 건강하다는 것은 자신의 생각이나 감정을 늘 막힘없이 전달하고 표현할 수 있는 상태를 의미한다. 그러므로 그들은 대인 관계에서 타인의 평가에 민감하게 반응해 자신의 생각이나 감정을 자유롭게 드러내지 못하는 동양인을 보면 잘 이해하지 못할 뿐만 아니라, 정신적으로 웰빙의 상태라고 보는 것조차 주저한다. 이 역시 문화적 차이라는 변수를 망각하고, 웰빙을 지나치게 단일 문화적인 틀 안에서 인과론적으로 보려는 방식이다.

이에 반해 동양인이 가지는 규범적인 행위의 구성 방식은 웰빙을 평가하는 요건을 확연하게 바꾼다. 한국과 같은 집단주의 문화에서 가장 중요한 규범적 과제는 나의 행위가 다른 사람들과 얼마나 조화를 이루는가이다. 때때로 이러한 문화에 속한 이들은 자신의 개인적인 생각이나 감정보다 내집단에 속한 타인들의 목적과 기대를 높이 평가한다. 단적인 예로 한국인이 갖는 가족주의적인 사고를 들 수 있다. 내가 내 감정을 얼마나 잘 전달하는가가 중요한 것이 아니라, 내가 얼마나 다른 가족 구성원과 함께 좋은 가정을 이루는가가 보다 중요한 요소이다. 내 생각과 감정을 직접적으로 전달하는 행위가 미국과 같은 문화에서는 건강한 정보 전달 기능으로 비칠 수 있겠지만, 한국과 같은 문화에서는 오히려 미성숙하고 이기적인 모습으로 비치는 경우가 많다. "내가 다른 사람에게 어떻게 보일까?" 하는 것이 미국 문화에서는 병리적인 '의존성'으로 진단될지 몰라도, 한국 문화에서는 이와 똑같은 정신 건강의 잣대를 가져다 댈 수 없다는 것이다.

물론 모든 감정이 얽어붙어 있다면 문화의 차이라는 변수를 차치하고서라도 병리적인 증상이라는 진단을 할 수 있을 것이다. 그러나 많은 문화심리학자들은 감정이 구성되는 방식에 동서양의 차이가 있다는 점을 고려해야 한다고 주장한다. 문화 자체가 가지고 있는 문화적인 이상cultural ideal에 따라 조금씩 다른 양상의 감정들이 발전한다는 것이다. 예를 들면 미국 문화가 가지고 있는 이상은 자율성과 독립성이다. 이런 문화권에 속한 사람들에게 흔히 나타나는 감정은 분노, 좌절, 자긍심 등으로, 개인이 독립적으로 지켜야 하는 개인의 내적인 속성과 일차적인 관련이 있다. 자신의 내면적인 영역에 대한 방어 심리로 분노 감정이 생기거나(예를 들어 "나를 제대로 알지도 못하면서, 이런 식으로 대접하다니 분하다"), 자신의 내면적 영역의 긍정과 만족감으로 자긍심이라는 감정이 일어난다(예를 들어 미국인 대부분이 가지고 있는 "누가 뭐래도 우리는 다른 민족보다 나은 민족이다"라는 집단적 자긍심). 문화심리학자들은 이를 '자아 중심적ego focused' 감정이라고 부른다.

이에 비해 집단주의 문화에 속한 이들은 외적인 조건에 많은 영향을 받는 감정적 삶을 유지하는데, 이를 '타자 중심적other focused' 감정이라 한다.[37] 예를 들면 동정심, 수치심, 그리고 한국적 정서라 불리는 정(情)이나 한(恨) 같은 것이 이에 해당

된다. 여기에는 개인의 내면적인 영역에 대한 자각보다는 타인의 관점에 더 민감하게 반응한다는 구조적 특징이 있다. 이로 인해 개인은 다른 사람의 감정과 관계의 조화를 먼저 고려하는 집단주의적 문화의 특징인 '상호 의존적' 자기 이해를 가지게 된다는 것이다.

이에 대해서는 미국 스탠퍼드 대학의 사회심리학자 헤이즐 마커스Hazel Markus와 미시간 대학의 시노부 기타야마Shinobu Kitayama(北山忍)가 제시한 두 가지 자기 해석, 즉 '독립적 자기 해석independent self construal'과 '상호 의존적 자기 해석interdependent self construal'에 대한 분류가 의미 있게 받아들여지고 있다.[80] 이 두 가지 자기 해석에 따라 감정을 표현하는 양식도 달라진다. 독립적 자기 해석을 하는 사람들에게는 감정의 자유로운 표현이란 자신의 독립성과 자율성을 담보로 하는 가장 자연스러운 건강의 척도다. 그러나 상호 의존적 자기 해석을 하는 이들은 타인들과의 관계적 삶과의 관련성 가운데 감정 표현에도 일정 정도 제약을 받게 된다. 당연히 자기중심적 감정보다는 타인 중심적 감정이 훨씬 강하게 발달한다. 예를 들면 미국 문화에서는 개인의 자긍심이 강하게 부각되는 반면, 한국 문화에서는 개인에게서 수치심 혹은 한이라는 정서가 더 자주 발견된다. 웰빙의 요건도 같은 맥락에서 이해할 수 있다. 한국 문화와 같은 상호 의존적 문화에서는 자기중심적 감정의 표현 빈도가 낮다. 독립적 자기 해석을 하는 미국인으로서는 감정을 표현하지 않는 것이 한국인의 무의식에 해로운 영향을 미친다고 오해할 수 있다. 그러나 상호 의존적 자기 이해를 가진 우리의 입장에서, 가족 공동체에서 서로에게 분노의 감정을 드러내고 표현하기보다 가족 전체의 조화를 위해 타인의 입장을 고려하고 스스로를 자제하는 것은 '살아가는 일business of living'[39]의 문제일 뿐이다. 이를 병리적인 억압이나 억제의 차원으로 이해하는 것은 문화 제국주의적인 발상이다.

사실 문화 자체가 가진 구조적 방향성은 모든 개인의 출생 직후부터 다양하게 몸으로 습득된다. 출생 직후 어머니와 유아가 가지는 육체적 접촉과 친밀도의 중요성은 동서양을 막론하고 공통적인 것이지만, 그 문화적인 함의와 방향성은 다르게 전개된다. 예를 들어 미국 하와이 대학의 인류학자 다키에 수기야마 레브라Takie Sugiyama Lebra는 서양의 어머니들은 아이들과의 육체적인 접촉을 중요하게 생각하면서도 아이들에게 외로움을 극복하고 독립적인 사람이 되는 방법을 가르치는 반면, 일본의 어머니들은 아이가 태어난 후 첫 2년여 동안 아이들을 업어 키움으로써 자연스럽게 외로움의 고통을 두려워하도록 만든다고 주장한다.[40]

이러한 문화적 차이를 고려한 비교문화심리학자들은 주관적 안녕감에 있어서도 그 구성 요건이 다르게 조명되어야 함을 지적한다. 가장 주목받는 연구로 미국과 같은 개인주의 문화권에서는 사회적 규범보다 개인적 감정이 삶의 만족도를 측정하는 보다 중요한 구성 요소가 되는 반면, 한국과 같은 집단주의 문화권에서는 무엇이 사회적으로 적절한가에 대한 사회적 규범의 문제가 가장 중요한 만족감과 웰빙의 구성 요건이 된다는 것이다.[41] 따라서 한국인의 웰빙을 이야기하기 위해서는 개인 내면의 감정뿐 아니라, 사회적인 관계와 조화의 문제가 중요하게 고려되어야 함을 숙지해야 할 것이다.

3. 영적 지능―웰빙과 영성의 관계

이제 본격적으로 문화심리학과 종교의 만남을 구체화해보자. 앞서 언급한 대로 미국 문화에서 웰빙은 일반적으로 건강과 동의어로 쓰인다. 건강이 육체적 건강과 정신적 건강 모두를 아우르는 개념임은 분명하다. 하지만 여기서 좀 더 탐구하고 싶은 것은 미국적인 웰빙, 즉 건강의 개념에 언제부터인가 '영적' 개념이 포함되기 시작한다는 점이다. 여기서 영이란 인간을 영, 육, 혼 등으로 나누는 신학적인 혹은 종교적인 분류와 달리 기능적인 면에 주목한다. 미국 사회에서 "나는 종교적이지 않다. 그러나 영적이다I'm not religious, but spiritual"라는 말이 유행처럼 번지고 있는 이유는 무엇일까? 특히 대부분의 기독교 교단에서 교인이 감소하고, 도시의 교회는 공동화 현상까지 보이고 있는 이때, "나는 기독교인은 아니지만 영적이다"라고 주장하는 이들의 특성을 어떻게 이해해야 하는가?

나는 이를 일반인들이 가지는 영성의 기능적 이해로 규정한다. 예를 들어 영성이 가지는 내용적인 측면, 즉 종교적인 신념의 측면보다 영성의 실천이 결과적으로 가지고 오는 기능적인 측면이 더욱 부각된다. 한 개인이 어떤 믿음을 가지고, 어떤 신을 고백하느냐의 문제가 아니라, 개인의 웰빙과 건강에 얼마나 도움을 주느냐의 문제가 더 중요하게 평가된다. 영성이 어떤 영성인지는 기능적인 결과에 따라 결정된다. 무엇이 '기독교적인' 영성이고 '가톨릭적인' 영성인가 하는 것이 중요한 것이 아니라, 무엇이 개인의 마음의 평정과 수련에 도움을 주는 '유용한' 영성인가 하는 문제가 중요하다. 불교의 명상법이나 요가 같은 수련이 미국 사회에 크게 유행하면서 지대한 관심을 불러일으키고 있는 이유도, 이러한 방법이 지닌 실용적인 가치 때문이다. 가만히 살펴보면 이러한 동양적인 영성 수련법이 지닌 가치의 문제도 개인의 내면적 감정을 가장 중요한 웰빙의 척도로 삼는 미국 사회의 문화적 배경과 무관하지 않다. 미국의 많은 명상 애호가들은 개인의 분노를 가라앉히는 데 가장 유용한 것이 명상이라고 이야기할뿐더러, 명상을 즐기는 자신을 영적인 사람이라고 부르기를 주저하지 않는다. 이쯤 되면 기능적인 측면에서 영성은 심리적인 웰빙과 어느덧 동의어처럼 되어버린다. 그렇다면 영성의 '기능'을 강조하는 심리학과 영성의 '내용'을 강조하는 종교는 **충돌**할 수밖에 없는가?

영성의 기능과 내용의 만남을 위해, 우선 영성의 기능적 측면을 강조하는 심리학적 연구에 대해 자세히 살펴보자. 최근 사회심리학적 혹은 발달심리학적으로 종교를 연구하는 학자들 사이에서 영성을 인간의 지능 중 하나로 이해하려는 학문적 시도가 주목을 받고 있다. 미국의 심리학자이며 교육학자인 하워드 가드너Howard Gardner의 다중 지능 이론[42] 이래로 인간의 지능이란 단일 지수가 아니며, 다양한 측면에서 평가되어야 한다는 것이 일반화되고 있다. 이제는 영적인 능력도 심리학으로 평가할 수 있어서, 이른바 영적 지능spiritual intelligence을 논할 수 있다는 것이다.[43] 사실 가드너는 1993년에 다중 지능 이론을 발표하고, 후에 이를 논함에 있어서 영성은 하나의 지능으로 간주될 수 없음을 분명히 한다. 논문에서 "나는 얼마나 자주 영적 지능에 대해서 말해야 한다는 가정을 했는지 모른다. 그러나 결코 그렇지 않았다"고 직접 밝히기도 했다.[44]

이에 미국의 로버트 이먼스Robert A. Emmons라는 사회심리학자는 종교와 주관적 안녕감의 관계에 대한 연구를 진행하다가, 최근 영성에 대한 실용적이고 기능적인 정의를 바탕으로 영적 지능을 제안한다. 그는 〈영성은 하나의 지능인가Is Spirituality an Intelligence?〉라는 논문에서 영적 지능의 5가지 주요 기능을 다음과 같이 정리한다.

① 육체적이고 물질적인 것을 초월할 수 있는 능력
② 의식의 고양된 상태를 경험할 수 있는 능력
③ 일상생활의 경험을 거룩하게 여길 수 있는 능력
④ 문제를 해결하기 위해 영적인 자원들을 이용할 수 있는 능력
⑤ 덕망 있는 행위(예를 들면 용서나 감사 또는 겸손과 자애로운 행위)를 할 수 있는 능력[45]

그의 연구에서 영성 개념은 종교적 신념이나 실천이 갖는 실용적인 기능에 집중하는 미국적 문화를 잘 반영한 것으로 보인다. 그러나 지능을 보다 심리학적으로 정의할 때 배경이 되는 중심 주제는 문제 해결 능력이다. 간단히 말해 문제를 푸는 능력이 지능이므로, 영적 지능 또한 궁극적으로는 문제를 푸는 능력이다. 즉 영성은 바로 이러한 문제 해결을 통해 참살이를 추구하는 능력이다.

그렇다면 영성을 참살이 추구를 위한 인간 지능의 하나로 보는 견해가 암시하는 것은 무엇인가? 가드너의 다중 지능 이론의 기초는 인간은 태어나면서 단일한 지능을 가지고 태어나는 것이 아니라 다양한 차원의 지능이 있으며, 그 조합 또한 개인에 따라, 그리고 문화에 따라 독특하게 이루어진다는 것이다. 영적 지능을 하나의 지능으로 보는 관점도 이와 마찬가지로, 영적인 지능은 과다 발달하지만 다른 영역의 지능은 기능 미달이 될 수도 있다. 예를 들면 초월의 세계에만 집중하는 능력을 소유한 이들은 오히려 현재의 현실적 삶에서는 소극적인 기능을 할 수도 있다는 것이다. 진정한 참살이는 '초월'과 '현실'의 삶이 조화를 이루어야 가능하지 않은가? 한 영역에 지나치게 편중된 능력은 늘 문제가 된다. 영성이라는 지능 역시 다른 영역에서의 지능과 조화를 이룰 때 다양한 문제 해결 능력으로서의 기능을 다하게 된다.

이쯤 되면 가장 바람직한 영적 지능의 수치는 얼마이며, 영적 지능이 결여되어 있는 '영적으로 무능한' 사람들도 있을 수 있는가의 문제가 제기된다. 앞서 주관적 안녕감 연구에서도 밝힌 바와 같이 개인의 변수를 고려하지 않은 객관적인 수치와 기준을 제시할 수 없다는 난점이 여기서도 적용된다. 아마도 대부분의 종교인들은 영적 지수의 기능적 측정을 받아들이기 어려울 것이다. 그러나 영성에 대한 이와 같은 기능적인 정의가 개인의 신비적 체험에만 국한되지 않고 기타 종교적 행위나 실천에서 유해한 부분을 살펴보거나, 지나치게 영적으로 편향된 라이프스타일이 가진 불균형의 문제를 지적할 수 있는 근거를 제공한다는 면에서 새로운 **통합**의 관점이 제시될 수 있다.

　또한 참살이를 향한 영성에 있어서 개인의 다양한 변수와 더불어 문화 변수에 대한 고려가 수반되어야 한다. 신체적이고 정신적인 웰빙을 추구하는 이들에게 명상이라는 종교적인 자원을 사용한다고 가정해보자. 여기에서 명상이라는 행위는 다분히 기능적인 수단으로, 신체적이고 정신적인 웰빙의 연장선상에서 영적인 웰빙을 추구한다고 할 수 있다. 이때 명상 중에 초월과 고양된 의식을 맛보는 능력을 갖춘다면(이먼스의 표현대로 적절한 영적 지능을 갖게 된다면) 감정적인 행복을 추구하는 다분히 서양적인 모습의 주관적 안녕감에 도달하게 된다는 것이다. 한국적 참살이는 내면적 안정감보다 타인이나 자신이 속한 공동체 또는 사회가 주는 외부적인 안정감이라는 사회성 강화의 측면이 보다 중시되어야 한다. 한국적 참살이와 영성은 미국식이 되어서는 안 된다. 미국인이 추구하는 명상이 한국에서도 반드시 유익하리라고 보는 것은 옳지 않다. 미국인이 웰빙을 위해 실천하는 명상이 내면적이며 감정 중심적이고 자아 중심적이라고 한다면, 한국인의 명상은 참살이를 위한 관계 중심적이고, 타자 중심적인 모습을 가져야만 한다. 문화심리학적으로 한국인의 기도가 '나만을 위한' 기도가 아닌 '다른 사람을 배려하고 위하는' 기도일 때 보다 행복한 상태를 누릴 수 있다. 이런 점에서 문화심리학과 종교의 만남을 통해 참살이와 영성의 **통합적** 의미를 발견해냄으로써 잘 살고 또한 바르게 살 수 있는 방법을 찾을 수 있지 않을까?

4. 한국인을 위한 맞춤형 영성을 향하여

이먼스는 비종교인들이나 종교 비판자들을 겨냥하여, 심리학과 종교를 나름대로 대화의 틀에서 보고 다리를 놓으려 했다. 이는 그의 영적 지능에 대한 논의가 반종교적 지성주의에 대한 해독제로 사용될 수 있다고 주장한 데서 잘 드러난다. 일찍이 일반인들에게 종교와 지능은 결코 함께 쓰일 수 없는 별개의 개념이었다. 그러나 이러한 연구는 영성을 지능과 연결시킴으로써 종교적이고 영적인 세계를 비이성적이고 지나치게 감정적이고 비논리적인 미신적 사고로 보는 견해에서 벗어나게 했다. 즉 영성을 지능으로 보는 견해가 종교적 신념 체계나 영적인 세계관이 가지고 있는 수동적이고 정적인 특질에 대한 대안으로 제시되고 있다. 종교인이 가진 종교성이나 신앙은 마치 소유되는 그 무엇처럼 여겨질 때가 많다. 영성 역시 소유되는 그 무엇이고, 또한 '주어지는' 그 무엇이라고 할 때는 동적인 성격보다 정적인 성격으로 규정될 수 있다.

그러나 영적 지능으로서 영성을 규정할 때 이먼스는 소유 개념과는 다른 역동적인 특성을 강조하고 있다. 영성을 문제를 해결하는 '능력'으로 보면 단순히 소유되는 것일 뿐만 아니라 작용하고 해결하는 기능을 지닌다. 이먼스에게 영적 지능으로서의 영성은 "그 무엇일 뿐만 아니라, 무엇인가를 하는 것이다Spirituality not only *is* something, it *does* something". 때때로 주위에서 인지적인 사고 구조로는 이해할 수 없고 극복할 수 없는 고통의 문제를 기도나 말씀이라는 자원을 사용하여 해결하는 능력을 소유한 이들을 발견할 때, 우리는 그들을 일컬어 대단한 영성의 소유자라고 말한다. 이때 영성이란 그들의 삶의 상태를 의미하는 것일 뿐만 아니라, 그 기능적인 역할을 포함한 개념이다.

종종 신학적인 개념으로서의 영성은 육체나 정신과 구별되는 제3의 현상학적인 인간 상태를 지칭하는 개념처럼 쓰인다. 어떤 이들은 제3의 상태인 영적인 상태를 육체적, 정신적 상태와는 구별되는 초월적인 신비적인 상태로 규정하며, 이러한 상태에서 방언과 같은 신비 체험도 가능하다고 믿는다. 그런데 이 해석의 신학적 타당성을 진단하기 이전에, 이러한 논의는 인간의 구체적인 삶의 육체적 혹은 정신적인 정황과 유리된다는 허점을 드러낸다. 이에 반해 영성을 지적인 능력으로 보려는 시도는 인간적 삶의 현장에서 분열된 영성 논의를 효과적으로 견제한다.

결국 이먼스가 시도한 종교와 사회심리학의 대화는 서로에게 해석적인 의미를 부여하는 **통합**으로 변모한다. 이먼스 역시 영성을 단순히 문제 해결의 수단으로 여기는 환원주의적 시각을 경계하기 때문이다. 그는 영성이 오직 지능으로만 환원될 수 있다고는 주장하지 않으며, 동시에 기능적으로 설명할 수 없는 측면이 있음을 부인하지도 않는다. 이먼스가 주장하는 영적 지능으로서의 영성 논의의 중심 주제를 요약하면 다음과 같다. 첫째 인간의 지능과 비견할 수 있는 영성과 관련된 기술과 능력이 존재하고, 둘째 이러한 능력들의 개인적 차이는 그 사람의 근본적인 특징을 구성한다. 예를 들어 인간은 주어진 일상적인 사건이나 관계를 거룩하게 여기는 능력을 가지는데, 주어진 일을 그저 직업으로 여기지 않고 하나의 소명으로 여길 수 있는 능력이나 부모 자식의 관계를 하느님이 준 거룩한 것으로 해석할 수 있는 능력이 바로 영적 지능과 관련되어 있다. 장애 아동의 부모가 자녀의 장애를 탓하지 않고 신의 특별한 배려로 여기며 고통을 극복하는 것 역시 문제 해결 능력으로 나타나는 영적 지능의 기능이다. 장애 자녀를 둔 상황에서도 "하느님은 장애아를 두고 많이 고민하시다가 우리를 믿고 택해서 키워달라고 맡기셨다"는 해석을 한다면 이는 분명 영적 지능을 극대화하여 문제를 해결하는 능력이다. 이처럼 개개인이 가진 영적 능력의 근본적이고 미세한 차이는 다양한 영성의 가능성을 열어준다.

한국 기독교의 예를 들어보자. 일반적으로 기독교인들은 영성을 하나의 주어진 능력으로 본다. 때때로 영성은 방언할 수 있는 능력, 금식 기도를 할 수 있는 능력, 예언할 수 있는 능력,

혹은 오래 쉬지 않고 기도할 수 있는 능력 등을 의미하기도 한다. 그런데 한국 교회는 영성의 개인차나 다양한 변수에 관심을 갖기보다는 영성의 객관적인 구성 요건을 강조하는 경향이 있다. 사회심리학의 주관적 안녕감 연구의 방법론적 전환이 암시하는 인식의 전환이 한국 교회에도 필요하다. 우리의 영성 이해 역시 상향식이 아닌 하향식 방법이 필요하다는 것이다. 영성을 구성하는 외부 요건이 정해져 있는 것은 아니다. 모든 인간은 영적인 능력을 지녔지만, 개인마다 지능과 능력이 다른 것처럼, 자신에게 걸맞은 맞춤형 영성을 형성해야 한다. 언어 지능이 높은 사람과 언어 지능은 낮지만 공간 지능이나 신체운동 지능이 높은 이들의 기도는 결코 일괄적인 모습일 수 없다. 유창한 언어 능력을 요하는 통성 기도보다 몸으로 하는 기도나 춤으로 표현하는 기도를 열등하게 보는 것은 개인의 다양한 능력에 대한 변수를 무시한 잘못된 이해다.

미국의 저명한 사회학자인 필립 리프Philip Rieff는 이미 1960년대에 기독교가 자가 치료적 체계로 변질될 것이라고 예견한 바 있다.[46] 구원은 그저 심적인 건강으로 축소되고 그리스도는 메시아이기보다 치유자로 소개된다. 교회가 복음을 전하기 위해 심리학을 하나의 필수적인 도구로 사용한다는 것이다. 실제로 현재의 미국 사회에서 영성은 어느 종교에 귀속된 개념이기보다는 명상이나 전인적 구도의 성격이 강조된 개념이다. 또한 감정을 다스리고 마음의 평화를 추구하는 치료적 성격이 강하다. 이러한 영성에 대한 기능적 이해는 미국 사회의 문화적 특성과 무관하지 않다. 다시 말해 개인의 웰빙에서 차지하는 내면적 감정의 중요도가 잘 반영되어 있는 영성이다. 그러나 감정적 체험을 중시하고 마음의 평화를 찾는 영성이 미국인에게는 만족을 줄 수 있을지 몰라도 한국인은 또다른 무언가를 필요로 할 수 있다.

앞서 거론한 문화심리학적인 연구가 보여주는 바와 같이 한국인에게는 관계적 삶이 감정적 삶보다 더욱 가치 있고 행복한 것으로서 오랫동안 느껴지고 인식되어왔다. 한국인에게 맞는 맞춤형 참살이나 영성이 가능한가의 문제는 무엇보다 미국적인 웰빙과 영성의 틀에서 벗어나는 것에서 시작된다. 문화심리학은 웰빙과 영성의 이해에 있어 단일 문화적 관점으로는 설명할 수 없는 부분이 있음을 증명해 보였다. 이것이 문화심리학과 종교가 만나는 통합의 틀에서 꿰어야 할 첫 번째 단추이다. 그리고 무엇보다 문화라는 변수와 개인의 차이를 염두에 두고 참살이와 영성을 위에서부터 아래로 세분화하는 하향식 작업이 절실하다.

심리학에서 말하는 영성의 기능과, 신학이나 종교학에서 말하는 영성의 내용은 마치 독립의 개념이거나 충돌할 것 같은 기세로 따로 존재하는 것이 사실이다. 그러나 놀랍게도 심리학자 이먼스는 영적 지능 연구를 진행하면서, 독일 태생의 미국 신학자 파울 틸리히Paul Tillich가 사용한 '궁극적 관심'이라는 개념을 적극적으로 사용한다.[47] 틸리히는 모든 인간 존재는 존재의 근원이 되는 무한자에 대해 일차적이고 궁극적인 관심을 가진다고 주장한 바 있다. 이먼스는《궁극적 관심의 심리학The Psychology of Ultimate Concerns》에서 영성을 궁극

142

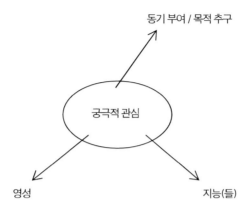

〈그림 2〉 궁극적 관심의 심리학과 영적 지능

적 관심의 개인적인 표현으로 정의하면서, 결국 궁극적 관심을 인간의 동기와 영성과 지능을 한데 묶는 심리학적 개념으로 상정한다.[48] 모든 인간은 인생의 목적을 추구하기 위한 동기와 능력을 구비하는데, 다른 모든 목적에 우선하는 궁극적인 목적을 이루려는 지능이 바로 영적 지능이라는 것이다. 이먼스가 보는 인간의 궁극적 관심에서 유래하는 심리학적 기능을 정리하면 〈그림 2〉와 같다. 이때 신학자가 주장한 영성의 내용과 심리학자가 제시한 영성의 기능은 결국 통합의 틀에서 새롭게 재해석된다. 다시 말해 인간에게 주어진 절대자에 대한 궁극적 관심은 그저 신학적인 내용에만 머물러 있지 않고, 인간 개개인에게 개별적인 영성과 다양한 동기와 지능들을 묶어내 삶의 궁극적 목적을 추구하도록 하는 사회 심리적 기능과 통합된다.

인간은 행위에 대한 동기와 관심을 가지고 목적을 추구하는 삶을 산다. 이때 다양한 지능이 사용된다. 높은 언어 지능이나 논리수학 지능을 가진, 이른바 공부 잘하는 학생만이 똑똑한 아이이고, 장차 바르고 잘 살 것이라는 틀은 다분히 구시대적인 유산이다. 다양한 지능을 가진 이들이 예술이나 체육, 사회생활 면에서 성공적으로 그들의 목적을 달성해가는 것은 다양한 지능, 즉 다양한 재능을 사용하여 목적을 이루는 참살이의 다양성에 대한 새로운 인식을 가능하게 한다. 모든 인간이 참살이를 위한 다양한 관심과 지능을 가지고 있지만, 그중 가장 궁극적인 관심이 영적 지능을 사용하여 궁극적인 참살이를 추구하는 삶을 살게 한다는 것이다. 일종의 지능으로서의 영성은 개인이 가진 다양한 지능에 따라 다양한 차이를 가지게 되고, 이러한 차이가 개인의 독특한 영성의 성격을 규정한다. 그러므로 한국인을 위한 참살이와 한국 종교인의 영성을 한마디로 규정하기보다는 다양성을 염두에 두고 새롭게 조망하는 노력이 필요하다.

또한 개인의 심리적인 웰빙은 그가 경험하는 문화적 삶에 기초한다. 미국식 웰빙을 한국인이 그대로 받아들인다고 미국인의 행복이 그대로 전수되는 것이 아니라는 점은 명백하다. 한국식 참살이에서는 어떤 유기농 식품을 먹느냐보다 누구와 함께 먹느냐가 더 중요하다. 개인주의 문화에 속한 이들이 판단하는 웰빙의 요건은 '내면적인 감정'에 초점을 맞추는 반면, 집단주의 문화에서는 '대인적 관계와 사회적 규범'에 더 많은 강조점이 주어지기 때문이다. 한국인에게 중요한 참살이는 '어떤 상태에 잘 있느냐being well'의 문제보다는 '누구와 함께 잘 있느냐being well with someone', 혹은 '누구를 위해 무엇을 하느냐doing well for someone'의 문제다.

이는 종교인들에게도 시사하는 바가 크다. 나를 위한 명상보다 타인이나 공동체, 혹은 나라를 위한 명상이 더욱더 한국적인 참살이요 영성이다. 한국의 모든 종교인들이 자신의 내면적 평안을 간구하는 심리적인 웰빙보다 타인이나 사회에 보다 적극적인 평화를 갈구하는 공동체 지향적인 참살이를 추구하기를 소망해본다. 웰빙을 위해 유기농 식품을 혼자 먹는 종교인보다 참살이를 위해 노숙자와 함께 먹고자 하는, 그래서 내용뿐 아니라 기능적으로도 영적인 종교인이 많아지기를 기도한다. 종교와 문화심리학이 만나 제공하는 통합의 틀에서 볼 때 그러한 종교인이야말로 누구보다 행복한 참살이를 이룰 수 있을 것이다.

종교와 심리학의 만남은 20세기 현대 심리학의 선구자들과 함께 시작되어 100여 년이 넘게 진행되어왔으나, 실로 평탄치 않은 굴곡의 역사를 거쳤다. 앞으로 전개될 종교와 심리학의 역사 역시 순탄치만은 않을 것이다. 하지만 종교와 심리학의 만남의 역사는 결코 멈추지 않을 것이다. 어느 날 갑자기 종교가 지구상에서 실종되거나 다양한 심리학적 연구가 모두 종적을 감추지 않는 한, 종교와 심리학이 만나 엮어내는 해석적 의미는 결코 없어지지 않을 것이기 때문이다.

2000년에 들어서면서 세계 각국의 종교심리학자들은 종교와 심리학의 백년해로를 의미 있게 준비했다. 우선 만난 지 100년이 되는 해를 언제로 삼을 것인가를 놓고 다양한 의견이 나왔다. 많은 학자들은 대학에서 처음으로 심리학을 가르친 윌리엄 제임스의 연구서《종교적 경험의 다양성》을 중요한 출발점으로 삼는 데 동의했고, 이 책의 골격이 그가 영국의 에든버러 대학에서 1901년부터 이듬해까지 한 기포드 강연에서 비롯되었다고 해서 2001년을 100년이 되는 기점으로 삼았다.

1914년에 독일에서 조직된 국제종교심리학회는 1990년 후반부터 서너 개의 유럽 내 종교학과 심리학 계통의 학회를 흡수하고, 2000년 가을 미국종교학회American Academy of Religion의 북미 종교심리학자들이 주로 활동하는 '인간, 문화와 종교Person, Culture & Religion' 분과와 미국심리학회

American Psychological Association의 '종교심리학Division 36' 분과에 대표를 보내 2001년에 유럽에서 종교와 심리학의 백 주년을 기념하는 대규모 학회를 개최하자고 제안한다.

국제종교심리학회가 2001년 9월 28일에서 30일까지 네덜란드에서 열렸다. 북미의 학자 15명과 호주, 멕시코, 인도, 이란 등지에서 온 학자들이 대거 참석하는 명실상부한 국제적인 학회였다. 2001년 당시 미국종교학회의 인간, 문화와 종교 분과 소속이었던 나는, 국제종교심리학회 준비위원회에 제출한 논문이 채택되어 북미 대표단에 합류하여 학회에 참석하기로 했다. 그런데 학회가 열리기 몇 주 전인 9월 11일, 미국의 심장부가 종교적 국제 테러 집단에게 공격당했다. 온 세계는 테러의 공포에 휩싸였다. 당시 런던을 거쳐 유럽으로 가는 비행기에 오른 나는 주위 사람들의 걱정과 우려를 안고 네덜란드로 향했다. 참으로 역설적이게도 9·11사건을 전혀 예측하지 못했던 시기에 학회 집행부가 미리 정했던 주제는 '종교에 대처하기 Coping with Religion'였다. 온 세계에 테러와 전쟁의 암울한 기운이 감돌던 무렵, 많은 학자들은 일촉즉발의 상황에서 종교를 어떻게 다루어야 하는지에 대해 진지한 격론을 벌였다.

종교와 심리학의 통합적인 만남은 한 개인이 혹은 집단이 어떤 과정을 통해 '종교적인 대처 행위'를 하게 되는지에 대해 자세한 밑그림을 그릴 수 있도록 돕는다. 사회심리학이나 정신분석학은 종교가 어떻게 개인의 혹은 집단의 '대처 기제'로 기능하는지를 보여준다. 폭력이나 전쟁을 신의 지상 명령으로 보는 종교적인 대처 행위는 사실 매우 심리적인 기제다. 21세기에 주어진 우리의 과제는 또 다른 100년을 향해 종교와 심리학의 만남을 자리매김하는 일이다. 그렇지 않으면 종교는 궁색한 자기변명과 위험한 파괴 행위의 근거가 될 수 있고, 심리학은 인류의 공멸을 지켜보기만 하는, 시대에 역행하는 나태한 과학이 되고 말 것이다. 우리 사회에서 종교라는 노래가 아무도 듣고 싶어 하지 않는 노래가 될 가능성은 얼마든지 있다. 특히 도덕성을 종교성과 동일시하는 경향이 있는 사람들은 종교인이 도덕적인 모습을 보여주지 못할 때 그 책임을 종교에 전가하고는 종교를 외면할 것이다. 그러므로 도덕적 책임에 심한 알레르기 반응을 보이는 현대인들 사이에서 종교인이 추구해야 할 도덕성은 냉철한 정의의식을 바탕으로 한 도덕적 판단을 넘어서, 보다 타인과 사회에 책임감을 갖는 돌봄의 자세여야 한다.

어떤 종교가 가장 올바른 종교인가에 대한 규범적인 질문은 수많은 종교학자들이나 신학자들이 논쟁을 거듭해도 쉽게 해결되지 않을 것이다. 그러나 어떤 종교가 종교인들에게 건강하게 기능하는가의 문제는 학자들의 힘을 빌리지 않고도 우리 모두가 쉽게 느끼고 판단할 수 있다. 건강하게 기능하는 종교는 결코 닫힌 체계로 종교인을 초대하지 않는다. 자신이 믿는 종교만이 절대적이라고 마침표를 찍는 종교인들을 통해 기능하는 종교는 강박적이고 배타적이다. 종교는 겉으로 보이는 것이나 내가 판단하는 것이 전부가 아니라고 여기고, 신비 앞에 겸허해지는 종교인들을 통해 가장 건강하게 기능한다. 그래서 건강한 종교인은 우주와 자연뿐 아니라, 인간에게 숨겨져 있는 신비를 바라볼 수 있는 새로운 비전을 제시한다. 가족과 사회로부터 버려진 환자들을 돌보면서, 매일 드렸던 테레사 수녀의 기도처럼 말이다. "사랑하는 주여, 내가 오늘 그리고 매일 당신의 아픈 이들 안에서 당신을 볼 수 있을까요?"[49] (강조는 인용자)

종교의 이름으로 분열과 폭력이 자행되는 오늘날, 자신의 종교성의 내면적 기능이 절대적인 것이 아님을 비판적으로 성찰하고, 종교로 포장된 심리적인 억압을 과감하게 걷어내는 종교인들이 절실히 필요하다. 그래야만 전쟁으로 시작한 21세기에 종교인 자신도, 그리고 폐기되기 일보 직전에 있는 종교도 해방시킬 수 있다. 어쩌면 우리의 후대는 역사 교과서에 종교인의 심리와 사회 구조의 병리성이 종교라는 방어 기제를 악용했다는 사실을 간과한 채, 종교가 전쟁의 시발점이었다는 사실만을 싣게 될지도 모른다. 실제로 비종교인들에게 가장 간편한 해결법은 종교라는 노래를 폐기해버리려는 무관심과 배척이다. 이에 나는 모든 종교인들에게 종교라는 노래를 건강한 화음으로 회복시킬 책임이 있다고 본다.

또한 현대 종교인들이야말로 많은 사람들이 추구하는 '잘 먹고 잘 사는 법(웰빙)'에 맞서 '바르게 사는 법(참살이)'에 대해 대안적인 모습을 보여주어야 한다. 언제부터인가 현대인에게는 일도 중요하지만 노는 것도 중요해졌다. 주5일 근무제로 인해 여가를 즐기려는 사람이 많아지면서 종교인들의 행보도 예전 같지 않다. 여행과 종교 행사를 함께 즐기도록 편의를 제공하는 종교 기관이 생겨나고, 분위기 좋은 카페와 방송국을 갖춘 교회가 등장했다. 일찍이 1980년대에 독일의 사회학자 볼프강 슐루터Wolfgang Schluchter가 종교의 미래에 대해 예견한 것이 실제로 우리가 사는 시대에 그대로 이루어지고 있다. 종교적 행위가 일상적 행위에 비해 우위를 차지했던 중세와 달리 현대 사회에서는 종교적 행위도 다른 여러 세속적 행위들과 공개적 경쟁을 해야만 하고, 결국 사회의 기능적 다양성은 종교생활의 개인화와 제도화된 종교의 비(非)정치화를 초래할 것이라는 예견 말이다. 한국에서 종교의 기능이 개인의 심리학적 웰빙 추구와 동질의 기능으로 전락하는 것은 시간문제처럼 보인다. 종교인의 개인화나 비정치화는 물론이고, 종교가 가져야 할 사회적 통합 능력을 상실한 듯한 모습까지 보인다. 이에 나는 신학의 사회적 실천에 관심을 갖는 목회신학자로서 종교와 심리학의 만남이 지속되기를 누구보다도 간절히 바란다. 이 만남을 유의미하게 보는 이들이 많지 않다는 사실이 이 글을 쓰게 된 가장 큰 이유이다.

이 책은 종교나 심리학을 연구하는 학자들보다 종교와 심리학의 만남의 자리에 꼭 있어야 할 이들을 겨냥하고 있다. 바로 이 책을 읽고 있는 독자이다. 지금 당신이 종교인이든 그렇지 않든 종교에 대한 관심과 비판의식을 가지고 이 책을 들었다면 꼭 한 번 종교와 심리학의 열린 이야기 마당에 초대하고 싶다. 종교인이나 비종교인이라는 구별 없이 인류 모두를 위하여 종교라는 노래가 보다 건강하게 불릴 미래를 소망하기 때문이다.

종교가 심리학을 만날 때 충돌만 있을 것이라는 우려는 과거의 봉쇄적인 역사에 매여 있는 기우다. 물론 많은 이들이 종교와 심리학을 더 이상 상종할 수 없는 독립된 체계로 보고 싶어 할는지도 모른다. 그리고 그들은 종교와 심리학의 관계사의 과거와 미래를 칼로 무 자르듯 끊어냈다고 내심 안심할지도 모를 일이다. 그러나 종교와 현대 심리학의 만남은 대화를 통해 통합되어가면서 미래를 향해 여전히 열려 있다. 종교와 심리학의 만남의 역사는 결코 중단되지 않고, 다양한 시각의 해석을 통해 과거는 미래로, 미래는 다시 과거로 융합되어갈 것이다. 이 만남의 장에 관심 있는 독자들의 새로운 해석도 다함 없이 이어질 것을 소망해본다.

1) 이 책은 윌리엄 제임스,《종교체험의 여러 모습들: 인간의 본성에 관한 연구》[김성민·정지련 옮김(대한기독교서회, 1997)]로 번역 출간되었고, 후에 윌리엄 제임스,《종교적 경험의 다양성》[김재영 옮김(한길사, 2000)]으로 출간되었다.

2) 종교심리학이라는 명칭이 주는 혼란은 이미 여러 학자들에게서 제시되어왔다. 특히 종교심리학이라는 학문은 그 명칭에서부터 의심의 눈초리를 받기에 충분했다. 가장 방대한 종교심리학 교재인 David M. Wulff, *Psychology of Religion: Classic & Contemporary* (New York: John Wiley & Sons Inc., 1997)를 보면 종교심리학이라는 명칭은 심리학자뿐 아니라 종교학자들에게조차 학문적 성격을 곡해할 소지가 있으며, 이는 보다 확대된 영성이나 종교다원주의에 대한 종교심리학적 논의마저도 제한할 수 있다고 지적한다.

3) 스탠리 홀G. Stanley Hall은 1881년 하버드 대학에서 유명한 연속 강좌를 개최했는데, 이때의 중심 주제가 '종교적 회심'이었다. 그의 연속 강좌는 후에 2권으로 출간된 청소년에 대한 종합 연구서에 수록되었다. G. Stanley Hall, *Adolescence: It's Psychology and Relations to Physiology, Anthropology, Sociology, Sex, Crime, Religion and Education* (2 vols.) (New York: Appleton, 1904).

4) 윌리엄 제임스William James는 1901년과 1902년에 영국 에든버러에서 한 유명한 기포드 연속 강좌에서도 종교적 회심에 대해 강연했다. 이 강연에서 그는 동료 심리학자였던 에드윈 스타벅Edwin Starbuck과 제임스 루바James H. Leuba의 연구를 깊이 있게 다루고 있다. 스타벅과 루바는 홀의 제자로서 루바는 회심에 대한 최초의 심리학 논문을 썼고, 1년 후 스타벅은 회심에 관한 방대한 논문을 저술한 바

있다. James H. Leuba, "A Study in the Psychology of Religious Phenomena", *American Journal of Psychology* 7(1896), 309~385쪽; Edwin Starbuck, "A Study of Conversion", *American Journal of Psychology* 8(1897), 268~308쪽을 참조하라.

5) 이에 대해서는 지그문트 프로이트, 《종교의 기원》, 이윤기 옮김(열린책들, 2003), 7~21쪽을 보라.

6) 지그문트 프로이트, 《종교의 기원》, 16쪽.

7) 지그문트 프로이트, 《종교의 기원》, 19쪽.

8) Jean Piaget·Barber Inhelder, *The Psychology of the Child*(New York: Basic Books, 1969)를 참조하라.

9) David Elkind, "The Origin of Religion in the Child", *Review of Religious Research* 12(1970), 35~42쪽을 참조하라.

10) Jean Piaget, *The Moral Judgement of the Child*(New York: Free Press, 1965)를 보면 1930년대부터 발전시킨 장 피아제Jean Piaget의 유아기 도덕적 추론에 대한 이론이 상세히 설명되어 있다.

11) 로렌스 콜버그Lawrence Kohlberg는 하버드 대학의 도덕 교육 센터에서 도덕발달에 대한 3권의 중요한 연구서를 저술한다. 제1권은 《도덕발달의 철학*The Philosophy of Moral Development*》, 제2권은 《도덕 발달의 심리학*The Psychology of Moral Development*》, 제3권은 《교육과 도덕발달*Education and Moral Development*》이다. 그의 하인츠 딜레마 에 의한 6단계 이론은 제1권부터 상세히 소개되고 있다. 제1권과 제2권 은 국내에 번역·출간되었다. 로렌스 콜버그, 《도덕발달의 철학》, 김민남·진미숙 옮김(교육과학사, 2000); 로렌스 콜버그, 《도덕발달의 심리학》, 김민남·진미숙 옮김(교육과학사, 2001).

12) 책의 제목과 부제(*In a Different Voice: Psychological Theory and Women's Development*)가 나타내는 바와 같이 캐럴 길리건Carol Gilligan은 심리학적 연구에서 '다른 목소리'를 내면서 여성의 발달에 대한 전문적 연구에 숨통을 틔우는 최초의 여성주의 심리학자로 평가받는다. 캐롤 길리건, 《다른 목소리로》, 허란주 옮김(동녘, 1997).

13) 크레이그 다익스트라, 《비전과 인격》, 이기문 옮김(대한예수교장로회총회교육부, 1984), 60쪽.

14) 크레이그 다익스트라, 《비전과 인격》, 62쪽.

15) Stanley Hauerwas, "Character, Narrative, and Growth in the Christian Life", *Toward Moral and Religious Maturity*(Morristown, N. J.: Silver Burdett Co., 1980), 441~484쪽.

16) 박노해, 《사람만이 희망이다》(해냄, 1997), 297쪽.

17) 김동기, 《종교심리학: 종교적 삶의 심리학적 이해》(학지사, 2003), 102~103쪽.

18) Gordon W. Allport, *The Individual and His Religion: A Psychological Interpretation*(New York: Macmillan Co., 1950), xiii쪽. 고든 윌러드 올포트Gordon Willard Allport는 이 책에서 종교성의 기능과 성격을 정신병리학이 아니라 심리학적으로 해석하는 것이 종교를 철학적이거나 신학적 혹은 사회학적으로 이해하는 이들과의 상호적 대화에서 필수적이라는 신념을 가지고 있다. 이러한 학문적 관심으로 인해 그는 종교성의 사회심리적 기능과 성격에 대해 새로운 시각을 제시하게 된다.

19) Gordon W. Allport·J. M. Ross, "Personal Religious Orientation and Prejudice", *Journal of Personality and Social Psychology* 5(1967), 432~443쪽.

20) 올포트는 1950년 《개인과 그의 종교》에 대한 자신의 '심리학적인 해석'을 하게 된 이론적 기초가 1937년에 저술한 '성격'에 대한 심리학적인 해석이라고 밝히고 있다. 인간 동기의 기능적 자율성에 대한 개념은 다음 책에 소개되어 있다. Gordon W. Allport, *Personality: A Psychological Interpretation*(New York: Holt, 1937).

21) 한국갤럽은 1989년, 1997년에 이어 2004년에도 한국인의 종교와 종교의식에 대하여 조사, 발표했다. 이 설문조사는 2004년 1월 13~31일까지 만 18세 이상 전국 성인 남녀 1,500명을 대상으로 가구 방문을 통한 일대일 개별면접으로 이뤄졌으며, 표본오차는 ±2.5%(95% 신뢰수준)이다.

22) 미국 캔자스 대학의 사회심리학 교수인 대니얼 베이트슨C. Da-niel Bateson은 인간의 친사회적 혹은 반사회적 행위를 낳는 감정과 태도, 특히 종교적 태도에 대해 심층적으로 연구를 했다. 그의 연구는 사회심리학적 종교 정향 연구에 새로운 전환점을 마련했다. 동료 윌리엄 벤티스William Ventis와 함께 저술한 *The Religious Experience: A Social-Psychological Perspective*(New York: Oxford University Press, 1982)에서 그는 새로운 정향에 대한 가능성을 논한다. 실존적이고 사회적인 문제에 직면하여 비판적 상호 작용을 가치 있게 생각하는 종교인들에게서 발견되는 제3의 정향을 첨가하여 3가지 종교 정향을 주장한다.

23) 종교와 편견 사이의 상관관계에 관한 연구는 올포트를 비롯한 많은 사회심리학자의 단골 주제이다. 종교, 편견, 인종주의 등과 관련된 다양한 실증적 연구는 Benjamin Beit-Hallahmi·Michael Argyle, *The Psychology of Religious Behavior, Belief & Experience*(New York: Routledge, 1997), 218~221쪽을 참조하라.

24) 프로이트의 사회인류학적 관심은 1890년대로 거슬러 올라간다. 1899년에 발표한《꿈의 해석*Die Traumdeutung*》을 보면 군주 제도가 한 가정의 아버지가 지니고 있던 사회적 지위에서 유래했음을 암시하는 대목이 등장한다. 부족 시대의 토템 종교에 대한 보다 자세한 내용은《종교의 기원》에 수록되어 있는〈토템과 타부〉를 보라. 지그문트 프로이트, 《종교의 기원》, 203~430쪽.

25) 에릭 에릭슨,《청년 루터》, 최연석 옮김(크리스챤다이제스트, 1997)을 보라.

26) Erik H. Erikson, *The Life Cycle Completed*(New York: W. W. Norton & Company, 1982), 32~33쪽.

27) 도널드 네이선슨Donald Nathanson은 톰킨스의 정서 이론을 바탕으로 '수치심'에 관한 일련의 연구들을 엮어 출간했다. Donald Nathanson (ed.), *The Many Faces of Shame*(New York: Guildford Press, 1987)을 참조하라.

28) 이에 대해서는 다음 책에 상세히 소개되어 있다. James Gilligan, *Violence: Reflection on a National Epidemic*(New York: Vintage Books, 1997).

29) 여성 인류학자 낸시 초도로Nancy Chodorow의 성에 대한 기념비적인 이론은 Nancy Chodorow, *The Reproduction of Mothering: Psychoanalysis and the Sociology of Gender*(Berkely, CA: University of California Press, 1978)에 처음으로 소개되었다.

30) Warner Wilson, "Correlates of Avowed Happiness", *Psychological Bulletin* 67(1967), 294쪽.

31) Eunkook M. Suh·Ed Diener·Frank Fujita, "Events and Subjective Well-Being: Only Recent Events Matter", *Journal of Personality and Social Psychology* 70(1996), 1,091~1,102쪽을 참조하라.

32) Ed Diener, "Subjective Well-Being", *Psychological Bulletin* 95 (1984), 542~575쪽을 참조하라.

33) Harry C. Triandis, *Individualism and Collectivism*(Boulder, CO: Westview Press, 1995), 11쪽.

34) Susan M. Anderson·Lee Ross, "Self-Knowledge and Social Inference: I. The Diagnosticity of Cognitive/Affective and Behavioral Data", *Journal of Personality and Social Psychology* 46(1984), 280~293 쪽; S. M. Anderson, "Self-Knowledge and Social Inference: II. The Diagnosticity of Cognitive/Affective and Behavioral Data", *Journal of Personality and Social Psychology* 46(1984), 294~307쪽 등을 참조하라.

35) Norbert Schwarz·Gerald L. Clore, "How Do I Feel about it?: Informative Functions of Affective States", Klaus Fiedler·Joseph Forgas (eds.), *Affect, Cognitions, and Social Behavior* (Toronto, Ontario, Canada: Hogrefe, 1988), 44~62쪽을 참조하라.

36) Norbert Schwarz·Gerald L. Clore, "Mood, Misattributions, and judgements of Well-Being: Informative and Directive Functions of Affective States", *Journal of Personality and Social Psychology* 45(1988),

513~523쪽을 참조하라.

37) Hazel R. Markus·Shinobu Kitayama, "Culture and the Self: Implications for Cognition, Emotion, and Motivation", *Psychological Review* 98(1991), 235쪽.

38) Hazel R. Markus·Shinobu Kitayama, "Culture and the Self: Implications for Cognition, Emotion, and Motivation", 226~229쪽을 참조하라.

39) Sudhir Kakar, *The Inner World: A Psychoanalytic Study of Childhood and Society in India*(Delhi, India: Oxford University Press, 1978), 34쪽.

40) Takie Sugiyama Lebra, *Japanese Patterns of Behavior*(Honolulu: University of Hawaii Press, 1976)를 참조하라.

41) Eunkook M. Suh·Ed Diener·Shigehiro Oishi·Harry C. Triandis, "The Shifting Basis of Life Satisfaction Judgements Across Cultures: Emotions Versus Norms", *Journal of Personality and Social Psychology* 74(1998), 482~493쪽을 참조하라. 보다 자세한 주관적 안녕감과 문화적 차이에 관한 연구서로는 Ed Diener·Eunkook M. Suh, *Culture and Subjective Well-Being* (Boston, MA.: MIT Press, 2003)을 참조하라.

42) 하워드 가드너Howard Gardner가 주장하는 7가지 차원의 다중지능에 대해서는 다음 책을 참조하라. 하워드 가드너,《다중지능—인간 지능의 새로운 이해》, 문용린 옮김(김영사, 2001). 가드너는 인간의 지능을 언어 지능, 논리수학 지능, 공간 지능, 음악 지능, 신체운동 지능, 대인 지능, 자성 지능이라는 7가지로 분류하고, 훗날 동식물 연구자에게 필요한 능력인 자연 지능이라는 측면을 보강한다.

43) 미국에서 출판되는《국제종교심리학지*The International Journal for the Psychology of Religion*》라는 학술 잡지는 영적 지능이라는 주제로 2000년에 특집호를 발간한 바 있다.

44) Howard Gardner, "Probing more deeply into the Theory of

Multiple Intelligence", *NASSP Bulletin*(1996), 2쪽.

45) Robert A. Emmons, "Is Spirituality an Intelligence?: Motivation, Cognition, and the Psychology of Ultimate Concern", *The International Journal for the Psychology of Religion* 10(2000), 10쪽.

46) Philip Rieff, *The Triumph of the Therapeutic: Uses of Faith After Freud*(Chicago: University of Chicago Press, 1966; 1987)를 참조하라.

47) 신학자 파울 틸리히Paul Tillich는 "종교는 궁극적 관심에 사로잡힌 존재의 상태이며, 궁극적 관심은 다른 모든 관심에 우선하는 것이고 삶의 의미에 관한 문제에 응답하는 관심"이라고 정의한다. Paul Tillich, *Christianity and the Encounter of World Religions*(New York: Columbia University Press, 1963), 4쪽.

48) Robert A. Emmons, *The Psychology of Ultimate Concerns: Motivation and Spirituality in Personality*(New York: Guilford Press, 1999), 89~112쪽.

49) Richard J. Foster (ed.), *Prayers from the Heart*(New York: Harper Collins Publishers, 1994), 83쪽.

강희천,《종교심리와 기독교 교육》(대한기독교서회, 2000)

신학자이면서 기독교 교육학자가 쓴 종교심리에 대한 연구서이다. 교육 현장에서 흔히 사용되는 심리학적 접근은 주로 발달심리학에 국한되어 있는데, 이 책은 다양한 종교 경험에 대한 심리학적 연구를 교육 현장에 접목하려고 한다. 특히 신학자로서 회심, 종교적 신앙이나 종교적 판단에 대한 심리학적 연구를 진행할 뿐 아니라, 수치심, 불안 경험이나 연민 등에 대한 심리학적 연구를 바탕으로 기독교 교육의 새로운 형태를 재구성하려고 노력한다. 무엇인가를 가르치는 일은 결코 머리에만 주입하는 인지적 과정이 아니라 보다 통전적인 인간 경험의 이해를 요한다. 기독교인이 아니더라도 교육에 관심이 있다면 읽어볼 것을 권한다.

권수영,《프로이트와 종교》(살림, 2005)

우리는 21세기를 전쟁으로 시작했다. 원유 개발권이나 중동 지역의 패권 다툼도 원인일 수 있겠지만 전쟁의 전면에 종교가 등장하는 것이 이제는 별로 이상하지 않다. 전쟁을 일으킨 국가의 대통령이 자신이 믿는 신으로부터 전쟁을 일으키라는 계시를 받았다는 고백은 실로 충격적이다. 나는 프로이트의 종교 비판의 배경이 우리가 지금 살고 있는 시대의 배경, 즉 신의 이름으로 전쟁을 하는 문화 심리적 배경과 크게 다르지 않다고 본다. 이에 프로이트에게서 전쟁의 시대를 사는 모든 종교인들이 곱씹어야 할 교훈을 찾고자 한다. 처음에는 책의 제목을 '신학자 프로이트'라고 하고 싶었다. 신학이 신에 대한 객관적인 내용에 대한 담론이라고는 하지만, 결국 인간의 틀 안에서 신을 인식하는 과정을 스쳐 지나갈 수 없다면, 프로이트는 종교인들이 결코 놓쳐서는 안 되는 신학자이다. 종교의 병리성과 폭력성의 기원에 대한 의구심을 떨치기 어려운 사람이라면 프로이트는 피해서는 안 될 도전 상대이다.

김동기,《종교심리학: 종교적 삶의 심리학적 이해》(학지사, 2003)

국내의 심리학자가 종교심리학이라는 제목으로 출판한 최초의 책이다. 종교심리학의 역사에서부터 아동의 종교발달, 청소년 및 성인의 종교발달, 종교적 회심, 종교적 경험, 종교적 정향, 종교, 건강, 행복 등의 주제들을 차례로 다루면서 종교심리학의 새로운 방향을 모색하고 있다. 국내 최초의 연구서지만, 이 책의 구성은 미국의 사회심리학자이면서 종교심리학을 쉽게 소개하는 교재를 쓴 레이먼드 펠루치언Raymond Paloutzian의《종교심리학으로의 초대*Invitation to the Psychology of Religion*》(Boston: Allyn & Bacon, 1996)의 틀을 그대로 사용하고 있다. 거기에 한국적인 연구와 실험 결과를 적절하게 제시함으로써 한국 독자의 관심을 촉발한다. 하나의 학문으로서의 종교심리학의 밑그림에 대한 궁금증을 풀어주는 데 적절한 연구서다.

김용준,《과학과 종교 사이에서》(돌베개, 2005)

28여 년간 대학에서 유기화학을 가르친 과학자가 쓴 종교와 과학의 통합을 그려낸 해석학적 연구서이다. 저자는 군사정권 시절 두 번이나 해직된 적이 있는 사회 참여 지식인이자 종교인이다. 종교와 과학의 관계를 새로이 정립하고자 하는 이 책은, 먼저 '인간이란 무엇인가'라는 근본적인 질문에서 출발해 역사학, 인류학, 신학, 윤리학, 존재론의 성찰을 받아들이고 또 동물행동학, 생명과학, 우주학, 인지과학 분야의 과학적 발견들을 참조해 다시 신의 문제로 되돌아온다. 그 과정에서 다양한 사회과학의 고전들과, 한스 게오르크 가다머의 《진리와 방법Wahrheit und Methode》 등 철학적 고전이 총동원된다. 무엇보다 이 원로학자에게 감사한 것은 종교와 과학의 문제가 전문가나 학자들만의 학문적 관심사가 아니라 우리 자신을 근본적으로 이해하기 위한 중요한 시대적 요청임을 설득력 있게 보여준다는 점이다. 종교와 과학의 문제에 대해 좀 더 깊이 있는 논의를 원하는 독자에게 강력하게 추천한다.

윌리엄 제임스, 《종교적 경험의 다양성》, 김재영 옮김 (한길사, 2000)

이 책은 말할 것도 없이 종교와 심리학의 만남의 최전방에 자리 잡고 있는 고전이다. 무엇보다 학문적 성과를 실제적인 문제로 풀어 설명하는 제임스의 방식은 지금도 타의 추종을 불허한다. 그는 심리학 연구실에 갇힌 추상의 종교가 아니라, 일반인들의 구체적인 삶에 드러나는 종교를 드러내고자 했다. 실제로 종교적 체험을 통해 우울증 등의 정신적 위기를 극복한 후 학문의 길을 가게 된 제임스는 1872년 하버드 대학의 생리학 교수가 되고, 1879년 철학 교수, 그리고 1889년에는 심리학 교수가 되어 종교적 체험을 심리학의 주제로 고민하면서 살아갔다. 종교와 심리학이 만나야 할 이유나, 종교를 체험하는 인간의 다양한 경험에 대해 의구심을 갖는 이에게 꼭 권하고픈 고전이다.

지그문트 프로이트, 《문명 속의 불만》, 김석희 옮김(열린책들, 2004)
정신분석학을 창시한 프로이트가 왜 종교를 그토록 지독하게 비
판했는지 궁금해하는 독자가 있다면 권하고 싶은 책이다. 앞서 언
급한 제임스와 같이 프로이트도 생리학을 연구하다 곁길로 빠진 사
람이다. 노년의 프로이트는 자연과학, 의학, 정신분석을 거치면서
우회한 끝에 결국은 오래전에 사로잡혔던 문명의 문제로 되돌아왔
다고 회고한다. 그가 인생과 연구를 정리하면서 주시한 분야가 바
로 문명과 도덕, 종교성의 문제였다. 문명과 인간의 본능의 대립 관
계, 특히 종교나 전쟁을 일으키는 인간 심리의 기저에 있는 본능에
대한 통찰은 21세기의 종교인들에게 시사하는 바가 크다. 프로이트
에 대해 괘씸죄를 느끼는 종교인들에게도 일독을 권한다. 두꺼운
책이 버거운 독자라면 이 책에 실린 〈전쟁과 죽음에 대한 고찰〉만
은 놓치지 말기를 바란다.

누구를 위한 종교인가—종교와 심리학의 만남

초판 1쇄 발행 2006년 3월 30일
개정 1판 1쇄 발행 2022년 11월 15일
개정 1판 3쇄 발행 2023년 9월 7일

지은이 권수영

펴낸이 김현태
펴낸곳 책세상
등록 1975년 5월 21일 제2017-000226호
주소 서울시 마포구 잔다리로 62-1, 3층(04031)
전화 02-704-1251
팩스 02-719-1258
이메일 editor@chaeksesang.com
광고·제휴 문의 creator@chaeksesang.com
홈페이지 chaeksesang.com
페이스북 /chaeksesang   트위터 @chaeksesang
인스타그램 @chaeksesang   네이버포스트 bkworldpub

ISBN 979-11-5931-720-0 04080
        979-11-5931-400-1 (세트)